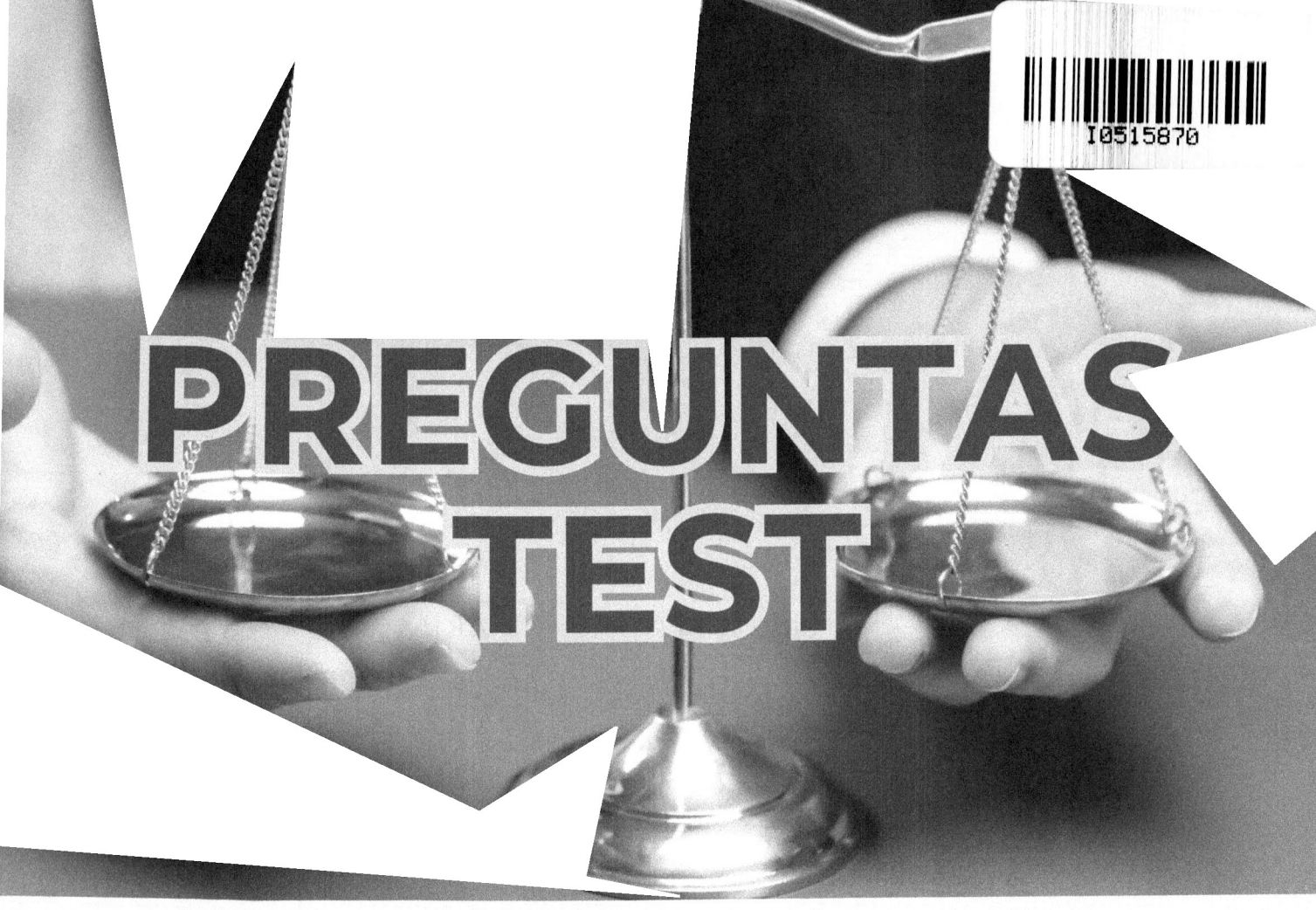

PREGUNTAS TEST

IGUALDAD

LEY 3/2007 IGUALDAD EFECTIVA ENTRE MUJERES Y HOMBRES

© 2024 EDITORIAL FERROVIARIA

Todos los derechos reservados.

Este libro no puede ser reproducido, distribuido, ni transmitido en ninguna forma ni por ningún medio, sin el permiso previo y por escrito del autor, excepto en el caso de citas breves en reseñas críticas y ciertos otros usos no comerciales permitidos por la Ley de derechos de autor.

Cualquier violación de los derechos de autor puede resultar en acciones legales.

Puede contactar al siguiente correo: librospublic@gmail.com

El presente libro incluye una batería de preguntas test de la Ley 3/2007, de Igualdad efectiva entre mujeres y hombres. Las características del libro son las siguientes:

Preguntas

Las preguntas constan de un enunciado con una numeración, 4 posibles opciones de las cuales sólo UNA es la correcta junto con un párrafo donde figura la respuesta correcta y una justificación literal de la respuesta dentro de la Ley, así como su número de artículo y apartado donde se puede buscar dicha respuesta.

La respuesta de las preguntas estará siempre debajo de la propia pregunta. El libro está escrito para ir estudiando las preguntas en base al orden establecido en la Ley, siendo este libro como una lectura del tema, pero en formato preguntas test.

Dificultad

La dificultad de las preguntas es bastante superior a la de los exámenes oficiales de las OEP anteriores. Muchas de estas preguntas buscan pequeños detalles dentro de la literalidad de la Ley, pero son esos pequeños detalles los que nos van a ayudar a conseguir una nota alta en el examen.

No hay que agobiarse ni rendirse si se fallan muchas preguntas, puesto que en las primeras lecturas se fallarán bastantes, la clave está en ir afianzando nuevos conceptos conforme hacemos varias lecturas del libro, para cuando lleguemos al examen, poder responder de forma inmediata.

Objetivo

El objetivo de este libro es realizar un estudio en formato test de los artículos, siendo esta una lectura mucho más amena que la lectura de los apuntes oficiales, y nos servirá para saber qué nos pueden preguntar en el examen de cada artículo, que es al final lo que nos interesa para sacar plaza.

¡Mucha suerte en el camino a tu plaza!

LEY 3/2007 IGUALDAD ENTRE HOMBRES Y MUJERES

ÍNDICE

LEY 3/2007 IGUALDAD ENTRE HOMBRES Y MUJERES 1
  ÍNDICE 1
  TÍTULO PRELIMINAR OBJETO Y ÁMBITO DE LA LEY 2
  TÍTULO I EL PRINCIPIO DE IGUALDAD Y LA TUTELA CONTRA LA DISCRIMINACIÓN ... 6
  TÍTULO II POLÍTICAS PÚBLICAS PARA LA IGUALDAD 18
    CAPÍTULO I PRINCIPIOS GENERALES 18
    CAPÍTULO II ACCIÓN ADMINISTRATIVA PARA LA IGUALDAD 29
  TÍTULO III IGUALDAD Y MEDIOS DE COMUNICACIÓN 43
  TÍTULO IV EL DERECHO AL TRABAJO EN IGUALDAD DE OPORTUNIDADES 47
    CAPÍTULO I IGUALDAD DE TRATO Y DE OPORTUNIDADES EN EL ÁMBITO LABORAL 47
    CAPÍTULO II IGUALDAD Y CONCILIACIÓN 48
    CAPÍTULO III LOS PLANES DE IGUALDAD DE LAS EMPRESAS Y OTRAS MEDIDAS DE PROMOCIÓN DE LA IGUALDAD 49
    CAPÍTULO IV DISTINTIVO EMPRESARIAL EN MATERIA DE IGUALDAD 57
  TÍTULO V EL PRINCIPIO DE IGUALDAD EN EL EMPLEO PÚBLICO 60
    CAPÍTULO I CRITERIOS DE ACTUACIÓN DE LAS ADMINISTRACIONES PÚBLICAS 60
    CAPÍTULO II EL PRINCIPIO DE PRESENCIA EQUILIBRADA EN LA ADMINISTRACIÓN GENERAL DEL ESTADO Y EN LOS ORGANISMOS PÚBLICOS VINCULADOS O DEPENDIENTES DE ELLA 61
    CAPÍTULO III MEDIDAS DE IGUALDAD EN EL EMPLEO PARA LA ADMINISTRACIÓN GENERAL DEL ESTADO Y PARA LOS ORGANISMOS PÚBLICOS VINCULADOS O DEPENDIENTES DE ELLA 62
    CAPÍTULO IV FUERZAS ARMADAS 72
    CAPÍTULO V FUERZAS Y CUERPOS DE SEGURIDAD DEL ESTADO 73
  TÍTULO VI IGUALDAD DE TRATO EN EL ACCESO A BIENES Y SERVICIOS Y SU SUMINISTRO 74
  TÍTULO VII LA IGUALDAD EN LA RESPONSABILIDAD SOCIAL DE LAS EMPRESAS 76
  TÍTULO VIII DISPOSICIONES ORGANIZATIVAS 80

TÍTULO PRELIMINAR OBJETO Y ÁMBITO DE LA LEY

1. Según la Ley 3/2007, ¿quiénes son iguales en dignidad humana, e iguales en derechos y deberes?

   a) Todos los seres vivos.
   b) Las mujeres y los hombres.
   c) Las personas con interés legítimo.
   d) Personas físicas y jurídicas.

Respuesta: b) Artículo 1.1 Ley 3/2007. "Las mujeres y los hombres son iguales en dignidad humana, e iguales en derechos y deberes."

2. Según la Ley 3/2007, las mujeres y los hombres somos iguales en:

   a) Dignidad humana.
   b) Deberes.
   c) Derechos.
   d) Todas son correctas.

Respuesta: d) Artículo 1.1 Ley 3/2007. "Las mujeres y los hombres son iguales en dignidad humana, e iguales en derechos y deberes."

3. ¿Cuál es el objeto de la Ley de Igualdad entre hombres y mujeres?

   a) Aplicar la igualdad en todas las esferas políticas.
   b) El pleno reconocimiento de la igualdad formal ante la Ley.
   c) Hacer efectivo el derecho de igualdad de trato y de oportunidades entre mujeres y hombres, en particular mediante la eliminación de la discriminación de la mujer.
   d) Garantizar la igualdad exclusivamente en el ámbito educativo.

Respuesta: c) Artículo 1.1 Ley 3/2007. "Esta Ley tiene por objeto hacer efectivo el derecho de igualdad de trato y de oportunidades entre mujeres y hombres, en particular mediante la eliminación de la discriminación de la mujer."

4. La Ley de Igualdad entre hombres y mujeres tiene por objeto en particular:

   a) La eliminación de la discriminación del hombre.
   b) La eliminación de la discriminación de la mujer.
   c) La promoción de la mujer frente al hombre.
   d) La promoción del hombre frente a la mujer.

Respuesta: b) Artículo 1.1 Ley 3/2007. "En particular mediante la eliminación de la discriminación de la mujer."

5. La Ley 3/2007 tiene por objeto hacer efectivo el derecho de igualdad de trato y de oportunidades entre mujeres y hombres, en particular mediante la eliminación de la discriminación de la mujer, sea cual fuere su circunstancia o condición, en cualesquiera de los ámbitos de la vida y, singularmente (Seleccione la incorrecta):

- a) Política
- b) Económica
- c) Social
- d) Educativa

Respuesta: d) Artículo 1.1 Ley 3/2007. "Singularmente, en las esferas política, civil, laboral, económica, social y cultural."

6. La Ley 3/2007 tiene por objeto hacer efectivo el derecho de igualdad de trato y de oportunidades entre mujeres y hombres, en particular mediante la eliminación de la discriminación de la mujer, sea cual fuere su circunstancia o condición, en cualesquiera de los ámbitos de la vida y, singularmente:

- a) Política y civil.
- b) Social y cultural.
- c) Económica y laboral.
- d) Todas las anteriores.

Respuesta: d) Artículo 1.1 Ley 3/2007. "Singularmente, en las esferas política, civil, laboral, económica, social y cultural."

7. La Ley 3/2007 tiene por objeto hacer efectivo el derecho de igualdad de trato y de oportunidades entre mujeres y hombres, en particular mediante la eliminación de la discriminación de la mujer, sea cual fuere su circunstancia o condición, en cualesquiera de los ámbitos de la vida y, singularmente en las esferas política, civil, laboral, económica, social y cultural para, en el desarrollo de:

- a) Los artículos 9.2 y 14 de la Constitución.
- b) Los artículos 19 y 14 de la Constitución.
- c) Los artículos 9.3 y 16 del Código Civil.
- d) Los artículos 19.2 y 14.1 del Código Civil.

Respuesta: a) Artículo 1.1 Ley 3/2007. "En las esferas política, civil, laboral, económica, social y cultural para, en el desarrollo de los artículos 9.2 y 14 de la Constitución."

8. La Ley 3/2007 tiene por objeto hacer efectivo el derecho de igualdad de trato y de oportunidades entre mujeres y hombres, en particular mediante la eliminación de la discriminación de la mujer, sea cual fuere su circunstancia o condición, en cualesquiera de los ámbitos de la vida y, singularmente en las esferas política, civil, laboral, económica, social y cultural para, en el desarrollo de los artículos 9.2 y 14 de la Constitución:

- a) Favorecer la discriminación entre hombres y mujeres.
- b) Endurecer las medidas contra la violencia de género.
- c) Alcanzar una sociedad más democrática, más justa y más solidaria.
- d) Equiparar los niveles salariales entre hombres y mujeres.

Respuesta: c) Artículo 1.1 Ley 3/2007. "Alcanzar una sociedad más democrática, más justa y más solidaria."

9. Se persigue eliminar la discriminación de la mujer en cualquier ámbito para conseguir:

- a) Una sociedad más justa y más igualitaria.
- b) Una sociedad más justa y más neutra.
- c) Una sociedad más justa, más democrática y más solidaria.
- d) Una sociedad más justa y más solidaria.

Respuesta: c) Artículo 1.2 Ley 3/2007. "Alcanzar una sociedad más democrática, más justa y más solidaria."

10. A estos efectos, la Ley 3/2007 establece principios de actuación de los Poderes Públicos, regula derechos y deberes de las personas físicas y jurídicas:

- a) Públicas.
- b) Privadas.
- c) Tanto públicas como privadas.
- d) Públicas, con excepciones señaladas en la Ley

Respuesta: c) Artículo 1.2 Ley 3/2007. "A estos efectos, la Ley establece principios de actuación de los Poderes Públicos, regula derechos y deberes de las personas físicas y jurídicas, tanto públicas como privadas."

11. ¿Qué no establece la Ley de Igualdad entre Hombres y Mujeres?

- a) Principios de actuación de los Poderes Públicos

b) Regula derechos y deberes de las personas físicas y jurídicas, tanto públicas como privadas.
c) Penas impuestas por violencia de género.
d) Prevé medidas destinadas a eliminar y corregir en los sectores público y privado, toda forma de discriminación por razón de sexo.

Respuesta: c) Artículo 1.2 Ley 3/2007. "A estos efectos, la Ley establece principios de actuación de los Poderes Públicos, regula derechos y deberes de las personas físicas y jurídicas, tanto públicas como privadas, y prevé medidas destinadas a eliminar y corregir en los sectores público y privado, toda forma de discriminación por razón de sexo."

12. ¿Quién gozará de los derechos derivados del principio de igualdad de trato y de la prohibición de discriminación por razón de sexo?

a) Todas las personas.
b) Los hombres.
c) Las mujeres.
d) Las mujeres víctimas de violencia de género.

Respuesta: a) Artículo 2.1 Ley 3/2007. "Todas las personas gozarán de los derechos derivados del principio de igualdad de trato y de la prohibición de discriminación por razón de sexo."

13. Las obligaciones establecidas en esta Ley serán de aplicación:

a) A toda persona física.
b) A toda persona física o jurídica.
c) A toda persona jurídica.
d) A todas las mujeres.

Respuesta: b) Artículo 2.2 Ley 3/2007. "Las obligaciones establecidas en esta Ley serán de aplicación a toda persona, física o jurídica."

14. Las obligaciones establecidas en esta Ley serán de aplicación a toda persona, física o jurídica:

a) Que sea con nacionalidad española.
b) Que se encuentre o actúe en territorio español y tenga su domicilio o residencia en España.
c) Que se encuentre o actúe en territorio español y tenga su domicilio o residencia dentro de la Unión Europea.
d) Que se encuentre o actúe en territorio español, cualquiera que fuese su nacionalidad, domicilio o residencia.

Respuesta: d) Artículo 2.2 Ley 3/2007. "Que se encuentre o actúe en territorio español, cualquiera que fuese su nacionalidad, domicilio o residencia."

TÍTULO I EL PRINCIPIO DE IGUALDAD Y LA TUTELA CONTRA LA DISCRIMINACIÓN

15. ¿Qué supone el principio de igualdad entre hombres y mujeres?

   a) El principio de igualdad de trato entre mujeres y hombres supone la igualdad en todas las esferas.
   b) El principio de igualdad de trato entre mujeres y hombres supone la ausencia de toda discriminación, directa por razón de sexo.
   c) El principio de igualdad de trato entre mujeres y hombres supone la ausencia de toda discriminación, indirecta por razón de sexo.
   d) El principio de igualdad de trato entre mujeres y hombres supone la ausencia de toda discriminación, directa o indirecta por razón de sexo.

Respuesta: d) Artículo 3 Ley 3/2007. "El principio de igualdad de trato entre mujeres y hombres supone la ausencia de toda discriminación, directa o indirecta, por razón de sexo."

16. El principio de igualdad de trato entre mujeres y hombres supone la ausencia de toda discriminación, directa o indirecta, por razón de sexo, y, especialmente, las derivadas de:

   a) La maternidad.
   b) La asunción de obligaciones familiares.
   c) El estado civil.
   d) Todas son correctas.

Respuesta: d) Artículo 3 Ley 3/2007. "Y, especialmente, las derivadas de la maternidad, la asunción de obligaciones familiares y el estado civil."

17. La igualdad de trato y de oportunidades entre mujeres y hombres es:

   a) Un principio informador del ordenamiento jurídico.
   b) Un principio fundamental del ordenamiento jurídico.
   c) Un principio rector del ordenamiento jurídico.
   d) Todas son correctas.

Respuesta: a) Artículo 4 Ley 3/2007. "La igualdad de trato y de oportunidades entre mujeres y hombres es un principio informador del ordenamiento jurídico."

18. La igualdad de trato y de oportunidades entre mujeres y hombres es un principio informador del ordenamiento jurídico y, como tal:

   a) Se excluirá de la interpretación de las normas jurídicas.
   b) Se promoverá exclusivamente en el ámbito político.
   c) Se integrará y observará en la interpretación y aplicación de las normas jurídicas.
   d) No tendrá relevancia legal.

Respuesta: c) Artículo 4 Ley 3/2007. "La igualdad de trato y de oportunidades entre mujeres y hombres es un principio informador del ordenamiento jurídico y, como tal, se integrará y observará en la interpretación y aplicación de las normas jurídicas."

19. La igualdad de trato y de oportunidades entre mujeres y hombres:

   a) Se integrará y se observará en la aplicación de normas jurídicas.
   b) Es un principio informador del ordenamiento jurídico.
   c) Se integrará y observará en la interpretación de las normas jurídicas.
   d) Todas son correctas.

Respuesta: d) Artículo 4 Ley 3/2007. "La igualdad de trato y de oportunidades entre mujeres y hombres es un principio informador del ordenamiento jurídico y, como tal, se integrará y observará en la interpretación y aplicación de las normas jurídicas."

20. El principio de igualdad de trato y de oportunidades entre mujeres y hombres, será aplicable:

   a) En el ámbito del empleo público, exclusivamente.
   b) En el ámbito del empleo público y privado.
   c) En el ámbito del empleo privado, exclusivamente.
   d) En empresas con Plan de Igualdad.

Respuesta: b) Artículo 5 Ley 3/2007. "El principio de igualdad de trato y de oportunidades entre mujeres y hombres, aplicable en el ámbito del empleo privado y en el del empleo público."

21. El principio de igualdad de trato y de oportunidades entre mujeres y hombres, aplicable en el ámbito del empleo privado y en el del empleo público, se garantizará, en los términos previstos en la normativa aplicable en (Señale la incorrecta):

   a) Acceso al empleo y trabajo por cuenta propia
   b) Formación profesional y promoción profesional.
   c) Marketing empresarial.

    d) Condiciones de trabajo (retributivas y despido).

Respuesta: c) Artículo 5 Ley 3/2007. "Se garantizará, en los términos previstos en la normativa aplicable, en el acceso al empleo, incluso al trabajo por cuenta propia, en la formación profesional, en la promoción profesional, en las condiciones de trabajo, incluidas las retributivas y las de despido."

22. El principio de igualdad de trato y de oportunidades entre mujeres y hombres, aplicable en el ámbito del empleo privado y en el del empleo público, se garantizará, en los términos previstos en la normativa aplicable en:

    a) La afiliación y participación en las organizaciones sindicales y empresariales, o en cualquier organización cuyos miembros ejerzan una profesión concreta, incluidas las prestaciones concedidas por las mismas.
    b) La afiliación, pero no en la participación en las organizaciones sindicales y empresariales, o en cualquier organización cuyos miembros ejerzan una profesión concreta, excluidas las prestaciones concedidas por las mismas.
    c) La afiliación y participación en las organizaciones sindicales y empresariales, o en cualquier organización cuyos miembros ejerzan una profesión concreta, excluidas las prestaciones concedidas por las mismas.
    d) La afiliación, pero no en la participación en las organizaciones sindicales y empresariales, o en cualquier organización cuyos miembros ejerzan una profesión concreta, incluidas las prestaciones concedidas por las mismas.

Respuesta: a) Artículo 5 Ley 3/2007. "En la afiliación y participación en las organizaciones sindicales y empresariales, o en cualquier organización cuyos miembros ejerzan una profesión concreta, incluidas las prestaciones concedidas por las mismas."

23. Una diferencia de trato basada en una característica relacionada con el sexo cuando, debido a la naturaleza de las actividades profesionales concretas o al contexto en el que se lleven a cabo, dicha característica constituya un requisito profesional esencial y determinante, siempre y cuando el objetivo sea legítimo y el requisito proporcionado.

    a) Será discriminación al empleo.
    b) No constituirá discriminación en el acceso al empleo, sin incluir la formación necesaria.
    c) Se considera discriminación y por tanto dará lugar a las consecuencias que se estimen convenientes.
    d) No constituirá discriminación en el acceso al empleo, incluida la formación necesaria.

Respuesta: d) Artículo 5 Ley 3/2007. "No constituirá discriminación en el acceso al empleo, incluida la formación necesaria, una diferencia de trato basada en una característica relacionada con el sexo cuando, debido a la naturaleza de las actividades profesionales

concretas o al contexto en el que se lleven a cabo, dicha característica constituya un requisito profesional esencial y determinante, siempre y cuando el objetivo sea legítimo y el requisito proporcionado."

24. No constituirá discriminación en el acceso al empleo, incluida la formación necesaria, una diferencia de trato basada en una característica relacionada con el sexo cuando, debido a la naturaleza de las actividades profesionales concretas o al contexto en el que se lleven a cabo, dicha característica constituya un requisito profesional esencial y determinante, siempre y cuando:

    a) El objetivo sea legítimo y el requisito proporcionado.
    b) El objetivo sea económico y el requisito proporcionado.
    c) El objetivo sea legítimo y el requisito no esté proporcionado.
    d) El objetivo sea económico y el requisito no esté proporcionado.

Respuesta: a) Artículo 5 Ley 3/2007. "Siempre y cuando el objetivo sea legítimo y el requisito proporcionado."

25. La Ley 3/2007 diferencia entre dos tipos de discriminación. Marque cuáles son:

    a) Directa e inversa.
    b) Grave o leve.
    c) Individual o colectiva.
    d) Directa e indirecta.

Respuesta: d) Artículo 6 Ley 3/2007. "Discriminación directa e indirecta."

26. Se considera discriminación directa por razón de sexo según la Ley 3/2007:

    a) La situación en que una disposición, criterio o práctica aparentemente neutros pone a personas de un sexo en desventaja particular con respecto a personas del otro, salvo que dicha disposición, criterio o práctica puedan justificarse objetivamente en atención a una finalidad legítima y que los medios para alcanzar dicha finalidad sean necesarios y adecuados.
    b) Cualquier comportamiento, verbal o físico, de naturaleza sexual que tenga el propósito o produzca el efecto de atentar contra la dignidad de una persona, en particular cuando se crea un entorno intimidatorio, degradante u ofensivo.
    c) La situación en que se encuentra una persona que sea, haya sido o pudiera ser tratada, en atención a su sexo, de manera menos favorable que otra en situación comparable.
    d) Cualquier comportamiento realizado en función del sexo de una persona, con el propósito o el efecto de atentar contra su dignidad y de crear un entorno intimidatorio, degradante u ofensivo.

Respuesta: c) Artículo 6.1 Ley 3/2007. "Se considera discriminación directa por razón de sexo la situación en que se encuentra una persona que sea, haya sido o pudiera ser tratada, en atención a su sexo, de manera menos favorable que otra en situación comparable."

27. Se considera discriminación directa por razón de sexo la situación en que se encuentra una persona que:

   a) Sea tratada, en atención a su sexo, de manera menos favorable que otra en situación comparable.
   b) Haya sido o pudiera ser tratada, en atención a su sexo, de manera menos favorable que otra en situación comparable.
   c) Pudiera ser tratada, en atención a su sexo, de manera menos favorable que otra en situación comparable.
   d) Sea, haya sido o pudiera ser tratada, en atención a su sexo, de manera menos favorable que otra en situación comparable.

Respuesta: d) Artículo 6.1 Ley 3/2007. "Se considera discriminación directa por razón de sexo la situación en que se encuentra una persona que sea, haya sido o pudiera ser tratada, en atención a su sexo, de manera menos favorable que otra en situación comparable."

28. Se considera discriminación indirecta por razón de sexo según la Ley 3/2007:

   a) Cualquier comportamiento, verbal o físico, de naturaleza sexual que tenga el propósito o produzca el efecto de atentar contra la dignidad de una persona, en particular cuando se crea un entorno intimidatorio, degradante u ofensivo.
   b) La situación en que una disposición, criterio o práctica aparentemente neutros pone a personas de un sexo en desventaja particular con respecto a personas del otro, salvo que dicha disposición, criterio o práctica puedan justificarse objetivamente en atención a una finalidad legítima y que los medios para alcanzar dicha finalidad sean necesarios y adecuados.
   c) La situación en que un criterio o práctica aparentemente neutros pone a personas de un sexo en desventaja particular con respecto a personas del otro, salvo que dicho criterio o práctica puedan justificarse objetivamente en atención a una finalidad ilegítima y que los medios para alcanzar dicha finalidad sean necesarios y adecuados.
   d) Cualquier comportamiento realizado en función del sexo de una persona, con el propósito o el efecto de atentar contra su dignidad y de crear un entorno intimidatorio, degradante u ofensivo.

Respuesta: b) Artículo 6.2 Ley 3/2007. "Se considera discriminación indirecta por razón de sexo la situación en que una disposición, criterio o práctica aparentemente neutros pone a personas de un sexo en desventaja particular con respecto a personas del otro, salvo que dicha disposición, criterio o práctica puedan justificarse objetivamente en atención a una finalidad legítima y que los medios para alcanzar dicha finalidad sean necesarios y adecuados."

29. ¿Cuándo se considera discriminatoria toda orden de discriminar, directa o indirectamente, por razón de sexo?

- a) En cualquier caso.
- b) Nunca.
- c) Cuando el juez lo estime conveniente.
- d) Siempre que haya un daño físico o moral causado.

Respuesta: a) Artículo 6.2 Ley 3/2007. "En cualquier caso, se considera discriminatoria toda orden de discriminar, directa o indirectamente, por razón de sexo."

30. Sin perjuicio de lo establecido en el Código Penal, a los efectos de la Ley 3/2007 constituye acoso sexual:

- a) Cualquier comportamiento físico, de naturaleza sexual que tenga el propósito o produzca el efecto de atentar contra la dignidad de una persona, en particular cuando se crea un entorno intimidatorio, degradante u ofensivo.
- b) Cualquier comportamiento, verbal o físico, de naturaleza sexual que tenga el propósito o produzca el efecto de atentar contra la dignidad de una persona, en particular cuando se crea un entorno intimidatorio, degradante u ofensivo.
- c) Cualquier comportamiento verbal, de naturaleza sexual que tenga el propósito o produzca el efecto de atentar contra la dignidad de una persona, en particular cuando se crea un entorno intimidatorio, degradante u ofensivo.
- d) Cualquier comportamiento realizado en función del sexo de una persona, con el propósito o el efecto de atentar contra su dignidad y de crear un entorno intimidatorio, degradante u ofensivo.

Respuesta: b) Artículo 7.1 Ley 3/2007. "Sin perjuicio de lo establecido en el Código Penal, a los efectos de esta Ley constituye acoso sexual cualquier comportamiento, verbal o físico, de naturaleza sexual que tenga el propósito o produzca el efecto de atentar contra la dignidad de una persona, en particular cuando se crea un entorno intimidatorio, degradante u ofensivo."

31. La Ley 3/2007 señala que a efectos de la misma constituye acoso sexual cualquier comportamiento, verbal o físico, de naturaleza sexual que tenga el propósito o produzca el efecto de atentar contra la dignidad de una persona, en particular cuando se crea un entorno intimidatorio, degradante u ofensivo:

- a) Sin perjuicio de lo establecido en el Código Civil.
- b) Sin perjuicio de lo establecido en el Código Penal.
- c) Sin perjuicio de lo establecido en la Constitución.
- d) a) y b) son correctas.

Respuesta: b) Artículo 7.1 Ley 3/2007. "Sin perjuicio de lo establecido en el Código Penal, a los efectos de esta Ley constituye acoso sexual cualquier comportamiento, verbal o físico, de naturaleza sexual que tenga el propósito o produzca el efecto de atentar contra la dignidad de una persona, en particular cuando se crea un entorno intimidatorio, degradante u ofensivo."

32. Constituye acoso por razón de sexo:

  a) Cualquier comportamiento realizado en función del sexo de una persona, con el propósito o el efecto de atentar contra su dignidad y de crear un entorno degradante.
  b) Cualquier comportamiento, verbal o físico, de naturaleza sexual que tenga el propósito o produzca el efecto de atentar contra la dignidad de una persona, en particular cuando se crea un entorno intimidatorio, degradante u ofensivo.
  c) Cualquier comportamiento realizado en función del sexo de una persona, con el propósito o el efecto de atentar contra su dignidad y de crear un entorno intimidatorio.
  d) Cualquier comportamiento realizado en función del sexo de una persona, con el propósito o el efecto de atentar contra su dignidad y de crear un entorno intimidatorio, degradante u ofensivo.

Respuesta: b) Artículo 7.2 Ley 3/2007. "Constituye acoso por razón de sexo cualquier comportamiento realizado en función del sexo de una persona, con el propósito o el efecto de atentar contra su dignidad y de crear un entorno intimidatorio, degradante u ofensivo."

33. ¿Cómo se considera el acoso sexual y el acoso por razón de sexo?

  a) Delito.
  b) Discriminatorio, salvo que pueda justificarse objetivamente en atención a una finalidad legítima.
  c) Discriminatorio, en todo caso.
  d) Neutro.

Respuesta: c) Artículo 7.3 Ley 3/2007. "Se considerarán en todo caso discriminatorios el acoso sexual y el acoso por razón de sexo."

34. El condicionamiento de un derecho o de una expectativa de derecho a la aceptación de una situación constitutiva de acoso sexual o de acoso por razón de sexo:

  a) Se considerará acoso por razón de sexo.
  b) Se considerará discriminación por razón de sexo.
  c) Se considerará acoso sexual.
  d) No se considera nada.

Respuesta: b) Artículo 7.4 Ley 3/2007. "El condicionamiento de un derecho o de una expectativa de derecho a la aceptación de una situación constitutiva de acoso sexual o de acoso por razón de sexo se considerará también acto de discriminación por razón de sexo."

35. Todo trato desfavorable a las mujeres relacionado con el embarazo o la maternidad constituye:

a) Discriminación directa por razón de sexo.
b) Discriminación indirecta.
c) Acoso por razón de sexo.
d) Acoso laboral.

Respuesta: a) Artículo 8 Ley 3/2007. "Constituye discriminación directa por razón de sexo todo trato desfavorable a las mujeres relacionado con el embarazo o la maternidad."

36. ¿Cómo se considerará cualquier trato adverso hacia una persona, por la presentación de reclamación destinada a impedir su discriminación?

a) Acoso sexual.
b) Discriminación indirecta por razón de sexo.
c) Discriminación directa por razón de sexo.
d) Discriminación por razón de sexo.

Respuesta: d) Artículo 9 Ley 3/2007. "También se considerará discriminación por razón de sexo cualquier trato adverso o efecto negativo que se produzca en una persona como consecuencia de la presentación por su parte de queja, reclamación, denuncia, demanda o recurso, de cualquier tipo, destinados a impedir su discriminación y a exigir el cumplimiento efectivo del principio de igualdad de trato entre mujeres y hombres."

37. Los actos y las cláusulas de los negocios jurídicos que constituyan o causen discriminación por razón de sexo se considerarán:

a) No válidos.
b) Anulables.
c) Nulos y sin efecto.
d) Nulos de pleno derecho.

Respuesta: c) Artículo 10 Ley 3/2007. "Los actos y las cláusulas de los negocios jurídicos que constituyan o causen discriminación por razón de sexo se considerarán nulos y sin efecto."

38. Los actos y las cláusulas de los negocios jurídicos que constituyan o causen discriminación por razón de sexo se considerarán nulos y sin efecto, y darán lugar a responsabilidad a través de un sistema de reparaciones o indemnizaciones que sean _____ al prejuicio sufrido:

   a) Reales.
   b) Efectivas.
   c) Proporcionadas.
   d) Todas son correctas.

Respuesta: d) Artículo 10 Ley 3/2007. "Y darán lugar a responsabilidad a través de un sistema de reparaciones o indemnizaciones que sean reales, efectivas y proporcionadas al perjuicio sufrido, así como, en su caso, a través de un sistema eficaz y disuasorio de sanciones que prevenga la realización de conductas discriminatorias."

39. Con el fin de hacer efectivo el derecho constitucional de la igualdad, los Poderes Públicos adoptarán medidas específicas

   a) En favor de las mujeres para corregir situaciones patentes de desigualdad de hecho respecto de los hombres.
   b) En favor de los hombres para corregir situaciones patentes de desigualdad de hecho respecto de las mujeres.
   c) En favor de las mujeres y de los hombres para corregir situaciones patentes de desigualdad.
   d) En favor de ninguno.

Respuesta: a) Artículo 11.1 Ley 3/2007. "Con el fin de hacer efectivo el derecho constitucional de la igualdad, los Poderes Públicos adoptarán medidas específicas en favor de las mujeres para corregir situaciones patentes de desigualdad de hecho respecto de los hombres."

40. Con el fin de hacer efectivo el derecho constitucional de la igualdad, los Poderes Públicos adoptarán medidas específicas en favor de las mujeres para corregir situaciones patentes de desigualdad de hecho respecto de los hombres.

   a) En tanto subsistan dichas situaciones, habrán de ser únicas y adecuadas con el objetivo perseguido en cada caso.
   b) Aún después de ser corregidas dichas situaciones, habrán de ser razonables y proporcionadas en relación con el objetivo perseguido en cada caso.
   c) Aún después de ser corregidas dichas situaciones, habrán de ser únicas y adecuadas en relación con el objetivo perseguido en cada caso.
   d) En tanto subsistan dichas situaciones, habrán de ser razonables y proporcionadas en relación con el objetivo perseguido en cada caso.

Respuesta: d) Artículo 11.1 Ley 3/2007. "Tales medidas, que serán aplicables en tanto subsistan dichas situaciones, habrán de ser razonables y proporcionadas en relación con el objetivo perseguido en cada caso."

41. Las medidas específicas en favor de las mujeres de los Poderes Públicos, que serán aplicables en tanto subsistan dichas situaciones, habrán de ser _____ en relación con el objetivo perseguido en cada caso.

- a) Razonables y efectivas.
- b) Razonables y proporcionadas.
- c) Efectivas y subjetivas.
- d) Razonables y objetivas.

Respuesta: b) Artículo 11.1 Ley 3/2007. "Tales medidas, que serán aplicables en tanto subsistan dichas situaciones, habrán de ser razonables y proporcionadas en relación con el objetivo perseguido en cada caso."

42. ¿Qué personas podrán también adoptar las medidas específicas en favor de las mujeres de los Poderes Públicos en los términos establecidos en la presente Ley?

- a) Las personas físicas públicas.
- b) Las personas jurídicas privadas.
- c) Las personas físicas y jurídicas públicas.
- d) Las personas físicas y jurídicas privadas.

Respuesta: d) Artículo 11.2 Ley 3/2007. "También las personas físicas y jurídicas privadas podrán adoptar este tipo de medidas en los términos establecidos en la presente Ley."

43. ¿Quién podrá recabar de los tribunales la tutela del derecho a la igualdad entre mujeres y hombres?

- a) Las mujeres.
- b) Cualquier persona.
- c) Personas físicas con interés legítimo.
- d) La persona legitimada

Respuesta: b) Artículo 12.1 Ley 3/2007. "Cualquier persona podrá recabar de los tribunales la tutela del derecho a la igualdad entre mujeres y hombres."

44. Cualquier persona podrá recabar de los tribunales la tutela del derecho a la igualdad entre mujeres y hombres, de acuerdo con lo establecido:

a) En el artículo 9.2 de la Constitución.
b) En el artículo 14 de la Constitución.
c) En el artículo 14.3 de la Constitución.
d) En el artículo 53.2 de la Constitución.

Respuesta: d) Artículo 12.1 Ley 3/2007. "Cualquier persona podrá recabar de los tribunales la tutela del derecho a la igualdad entre mujeres y hombres, de acuerdo con lo establecido en el artículo 53.2 de la Constitución."

45. Se podrá recabar de los tribunales la tutela del derecho a la igualdad entre mujeres y hombres, de acuerdo con lo establecido en el artículo 53.2 de la Constitución:

a) Incluso tras la terminación de la relación en la que supuestamente se ha producido la discriminación.
b) Si no ha terminado la relación en la que supuestamente se ha producido la discriminación.
c) 24 horas después de haber terminado la relación en la que supuestamente se ha producido la discriminación.
d) 48 horas después de haber terminado la relación en la que supuestamente se ha producido la discriminación.

Respuesta: a) Artículo 12.1 Ley 3/2007. "Cualquier persona podrá recabar de los tribunales la tutela del derecho a la igualdad entre mujeres y hombres, de acuerdo con lo establecido en el artículo 53.2 de la Constitución, incluso tras la terminación de la relación en la que supuestamente se ha producido la discriminación."

46. Respecto a los procesos que versen sobre la defensa de la tutela judicial efectiva corresponde a las personas físicas y jurídicas con interés legítimo, la capacidad y la legitimación para intervenir en los procesos:

a) Civiles.
b) Sociales.
c) Contencioso-Administrativo.
d) Todas son correctas.

Respuesta: d) Artículo 12.1 Ley 3/2007. "La capacidad y legitimación para intervenir en los procesos civiles, sociales y contencioso-administrativos que versen sobre la defensa de este derecho corresponden a las personas físicas y jurídicas con interés legítimo, determinadas en las Leyes reguladoras de estos procesos."

47. La capacidad y legitimación para intervenir en los procesos civiles, sociales y contencioso-administrativos que versen sobre la defensa de este derecho corresponden a:

- a) Cualquier persona.
- b) Personas físicas y jurídicas con interés legítimo.
- c) Personas acosadas.
- d) Las mujeres, exclusivamente.

Respuesta: b) Artículo 12.2 Ley 3/2007. "La capacidad y legitimación para intervenir en los procesos civiles, sociales y contencioso-administrativos que versen sobre la defensa de este derecho corresponden a las personas físicas y jurídicas con interés legítimo, determinadas en las Leyes reguladoras de estos procesos."

48. ¿Quién será la única legitimada en los litigios sobre acoso sexual y acoso por razón de sexo?

- a) La persona acosadora.
- b) Ambas partes.
- c) La persona acosada.
- d) El Instituto de la Mujer-

Respuesta: c) Artículo 12.3 Ley 3/2007. "La persona acosada será la única legitimada en los litigios sobre acoso sexual y acoso por razón de sexo."

49. De acuerdo con las Leyes procesales, en aquellos procedimientos en los que las alegaciones de la parte actora se fundamenten en actuaciones discriminatorias, por razón de sexo

- a) Corresponderá a la persona demandante probar la ausencia de discriminación en las medidas adoptadas y su proporcionalidad.
- b) Corresponderá al órgano judicial probar la ausencia de discriminación en las medidas adoptadas y su proporcionalidad.
- c) Corresponderá a la persona demandada probar la ausencia de discriminación en las medidas adoptadas y su proporcionalidad.
- d) Corresponderán a ambas partes probar la ausencia de discriminación en las medidas adoptadas y su proporcionalidad.

Respuesta: c) Artículo 13.1 Ley 3/2007. "De acuerdo con las Leyes procesales, en aquellos procedimientos en los que las alegaciones de la parte actora se fundamenten en actuaciones discriminatorias, por razón de sexo, corresponderá a la persona demandada probar la ausencia de discriminación en las medidas adoptadas y su proporcionalidad."

50. ¿Qué podrá recabar el órgano judicial de acuerdo con las Leyes Procesales?

- a) Informe o dictamen de los organismos públicos competentes.
- b) Opiniones de expertos en la materia.

c) Documentos privados de las partes involucradas.
d) Testimonio de la parte demandada.

Respuesta: a) Artículo 13.1 Ley 3/2007. "A los efectos de lo dispuesto en el párrafo anterior, el órgano judicial, a instancia de parte, podrá recabar, si lo estimase útil y pertinente, informe o dictamen de los organismos públicos competentes."

51. ¿Quién podrá recabar, si lo estimase útil y pertinente, informe o dictamen de los organismos públicos competentes?

   a) El órgano judicial, a instancia de parte.
   b) La persona acosada.
   c) La persona acosadora.
   d) Cualquier persona con interés legítimo.

Respuesta: a) Artículo 13.1 Ley 3/2007. "A los efectos de lo dispuesto en el párrafo anterior, el órgano judicial, a instancia de parte, podrá recabar, si lo estimase útil y pertinente, informe o dictamen de los organismos públicos competentes."

TÍTULO II POLÍTICAS PÚBLICAS PARA LA IGUALDAD
CAPÍTULO I PRINCIPIOS GENERALES

52. La integración del principio de igualdad de trato y de oportunidades en el conjunto de las políticas:

   a) Económica.
   b) Laboral y social.
   c) Cultural y artística.
   d) Todas son correctas.

Respuesta: d) Artículo 14.2 Ley 3/2007. "La integración del principio de igualdad de trato y de oportunidades en el conjunto de las políticas económica, laboral, social, cultural y artística."

53. Es uno de los criterios generales de actuación de los Poderes Públicos:

   a) La participación equilibrada de mujeres y hombres en las candidaturas electorales y en la toma de decisiones.
   b) La promoción de las mujeres a altos cargos directivos en las candidaturas electorales y en la toma de decisiones.
   c) La promoción de la desigualdad entre hombres y mujeres de carácter retributivo.

d) Todas son correctas.

Respuesta: a) Artículo 14.4 Ley 3/2007. "La participación equilibrada de mujeres y hombres en las candidaturas electorales y en la toma de decisiones."

54. A los fines la Ley 3/2007, serán criterios generales de actuación de los Poderes Públicos:
   a) El compromiso con la efectividad del derecho constitucional de igualdad entre mujeres y hombres.
   b) La colaboración y cooperación entre las distintas Administraciones públicas en la aplicación del principio de igualdad de trato y de oportunidades.
   c) La adopción de las medidas necesarias para la erradicación de la violencia de género, la violencia familiar y todas las formas de acoso sexual y acoso por razón de sexo.
   d) Todas son correctas.

Respuesta: d) Artículo 14.5 Ley 3/2007. "El compromiso con la efectividad del derecho constitucional de igualdad entre mujeres y hombres. La colaboración y cooperación entre las distintas Administraciones públicas en la aplicación del principio de igualdad de trato y de oportunidades. La adopción de las medidas necesarias para la erradicación de la violencia de género, la violencia familiar y todas las formas de acoso sexual y acoso por razón de sexo."

55. Se define como mujeres de colectivos de especial vulnerabilidad:
   a) Las que pertenecen a minorías.
   b) Mujeres migrantes y niñas.
   c) Mujeres con discapacidad.
   d) Todas son correctas.

Respuesta: d) Artículo 14.6 Ley 3/2007. "Las mujeres de colectivos de especial vulnerabilidad como son las que pertenecen a minorías, las mujeres migrantes, las niñas, las mujeres con discapacidad, las mujeres mayores, las mujeres viudas y las mujeres víctimas de violencia de género, para las cuales los poderes públicos podrán adoptar, igualmente, medidas de acción positiva."

56. La Ley no define como mujeres de colectivos de especial vulnerabilidad:
   a) Las mujeres viudas.
   b) Las mujeres víctimas de violencia de género.
   c) Las mujeres trabajadoras.
   d) Las mujeres mayores.

Respuesta: c) Artículo 14.6 Ley 3/2007. "Las mujeres de colectivos de especial vulnerabilidad como son las que pertenecen a minorías, las mujeres migrantes, las niñas, las mujeres con discapacidad, las mujeres mayores, las mujeres viudas y las mujeres víctimas de violencia de género, para las cuales los poderes públicos podrán adoptar, igualmente, medidas de acción positiva."

57. Las mujeres de colectivos de especial vulnerabilidad como son las que pertenecen a minorías, las mujeres migrantes, las niñas, las mujeres con discapacidad, las mujeres mayores, las mujeres viudas y las mujeres víctimas de violencia de género, para las cuales los poderes públicos podrán adoptar, igualmente:

- a) Medidas de acción negativa.
- b) Medidas de acción positiva.
- c) Medidas de acción positiva y negativa.
- d) No podrán adoptar ninguna medida.

Respuesta: b) Artículo 14.6 Ley 3/2007. "Las mujeres de colectivos de especial vulnerabilidad como son las que pertenecen a minorías, las mujeres migrantes, las niñas, las mujeres con discapacidad, las mujeres mayores, las mujeres viudas y las mujeres víctimas de violencia de género, para las cuales los poderes públicos podrán adoptar, igualmente, medidas de acción positiva."

58. Uno de los criterios generales de actuación de los Poderes Públicos.es la protección de la maternidad, con especial atención a la asunción por la sociedad de los efectos derivados del:

- a) Embarazo.
- b) Lactancia.
- c) Parto.
- d) Todas son correctas.

Respuesta: d) Artículo 14.7 Ley 3/2007. "La protección de la maternidad, con especial atención a la asunción por la sociedad de los efectos derivados del embarazo, parto y lactancia."

59. Indique cuál de las siguientes no es un criterio general de actuación de los Poderes Públicos:

- a) El establecimiento de medidas que aseguren la conciliación del trabajo y de la vida personal y familiar de las mujeres y los hombres, así como el fomento de la corresponsabilidad en las labores domésticas y en la atención a la familia.
- b) El fomento de instrumentos de colaboración entre las distintas Administraciones públicas y los agentes sociales, las asociaciones de mujeres y otras entidades privadas.
- c) El fomento de la efectividad del principio de igualdad entre mujeres y hombres en las relaciones entre particulares.

d) La implantación de un lenguaje sexista en el ámbito administrativo y su fomento en la totalidad de las relaciones sociales, culturales y artísticas.

Respuesta: d) Artículo 14.11 Ley 3/2007. "La implantación de un lenguaje no sexista en el ámbito administrativo y su fomento en la totalidad de las relaciones sociales, culturales y artísticas."

60. Todos los puntos considerados como criterios generales de actuación de los Poderes Públicos:

a) Se promoverán e integrarán de igual manera en la política española de cooperación internacional para el desarrollo.
b) Se promoverán e integrarán de igual manera en la política española de cooperación nacional para el desarrollo.
c) Se promoverán e integrarán de igual manera en la política europea de cooperación internacional para el desarrollo.
d) Se promoverán e integrarán de igual manera en la política europea de cooperación nacional para el desarrollo.

Respuesta: a) Artículo 14.12 Ley 3/2007. "Todos los puntos considerados en este artículo se promoverán e integrarán de igual manera en la política española de cooperación internacional para el desarrollo."

61. El principio de igualdad de trato y oportunidades entre hombres y mujeres informará con carácter _____, la actuación de todos los Poderes Públicos.

a) Subsidiario.
b) Parcial.
c) Transversal.
d) General.

Respuesta: c) Artículo 15 Ley 3/2007. "El principio de igualdad de trato y oportunidades entre mujeres y hombres informará, con carácter transversal, la actuación de todos los Poderes Públicos."

62. Las Administraciones públicas integrarán de forma _____ el principio de igualdad de trato y oportunidades entre mujeres y hombres.

a) Activa.
b) Pasiva.
c) Neutra.
d) Transversal.

Respuesta: a) Artículo 15 Ley 3/2007. "Las Administraciones públicas lo integrarán, de forma activa."

63. Las Administraciones integrarán de forma activa el principio de igualdad de trato y oportunidades entre mujeres y hombres:

    a) En la adopción y ejecución de sus disposiciones normativas.
    b) En el desarrollo conjunto de sus actividades.
    c) En la definición y presupuestación de políticas públicas en todos los ámbitos.
    d) Todas son correctas.

Respuesta: d) Artículo 15 Ley 3/2007. "Las Administraciones públicas lo integrarán, de forma activa, en la adopción y ejecución de sus disposiciones normativas, en la definición y presupuestación de políticas públicas en todos los ámbitos y en el desarrollo del conjunto de todas sus actividades."

64. Los Poderes Públicos:

    a) Procurarán atender al principio de presencia equilibrada de mujeres y hombres en los nombramientos y designaciones de los cargos de responsabilidad que les correspondan.
    b) Atenderán al principio de presencia equilibrada de mujeres y hombres en los nombramientos y designaciones de los cargos de responsabilidad que les correspondan.
    c) No obedecerán al principio de presencia equilibrada de mujeres y hombres en los nombramientos y designaciones de los cargos de responsabilidad que les correspondan.
    d) Atenderán al principio de presencia desequilibrada de mujeres y hombres en los nombramientos y designaciones de los cargos de responsabilidad que les correspondan.

Respuesta: a) Artículo 16 Ley 3/2007. "Los Poderes Públicos procurarán atender al principio de presencia equilibrada de mujeres y hombres en los nombramientos y designaciones de los cargos de responsabilidad que les correspondan."

65. ¿Quién procurará atender al principio de presencia equilibrada de mujeres y hombres en los nombramientos y designaciones de los cargos de responsabilidad que les correspondan?

    a) El Gobierno.
    b) Los Poderes Públicos.
    c) El Ministerio de Igualdad.
    d) El Consejo de Ministros.

Respuesta: b) Artículo 16 Ley 3/2007. "Los Poderes Públicos procurarán atender al principio de presencia equilibrada de mujeres y hombres en los nombramientos y designaciones de los cargos de responsabilidad que les correspondan."

66. ¿Quién aprobará en las materias que sean de la competencia del Estado un Plan Estratégico de Igualdad de Oportunidades?

- a) El Consejo de Ministros.
- b) El Estado.
- c) El Gobierno.
- d) Las Cortes Generales.

Respuesta: c) Artículo 17 Ley 3/2007. "El Gobierno, en las materias que sean de la competencia del Estado, aprobará periódicamente un Plan Estratégico de Igualdad de Oportunidades."

67. ¿Qué aprobará el Gobierno en las materias que sea competencia del Estado?

- a) Un Plan Estratégico de Igualdad de Oportunidades.
- b) Un informe de impacto de género.
- c) Un Plan de Igualdad.
- d) Una nueva Ley de Igualdad entre hombres y mujeres.

Respuesta: a) Artículo 17 Ley 3/2007. "El Gobierno, en las materias que sean de la competencia del Estado, aprobará periódicamente un Plan Estratégico de Igualdad de Oportunidades."

68. ¿Con qué frecuencia aprobará el Gobierno en las materias que sea competencia del Estado un Plan Estratégico de Igualdad de Oportunidades?

- a) Anualmente.
- b) Periódicamente.
- c) Cada cinco años.
- d) Cada dos años.

Respuesta: b) Artículo 17 Ley 3/2007. "El Gobierno, en las materias que sean de la competencia del Estado, aprobará periódicamente un Plan Estratégico de Igualdad de Oportunidades."

69. ¿Qué incluirá el Plan Estratégico de Igualdad de Oportunidades?

- a) Medidas para alcanzar el objetivo de igualdad entre mujeres y hombres.

b) Eliminar la discriminación por razón de sexo.
c) Promover la desigualdad entre mujeres y hombres.
d) a) y b) son correctas.

Respuesta: d) Artículo 17 Ley 3/2007. "Incluirá medidas para alcanzar el objetivo de igualdad entre mujeres y hombres y eliminar la discriminación por razón de sexo."

70. ¿Quién elaborará informe periódico sobre el conjunto de sus actuaciones en relación con la efectividad del principio de igualdad entre mujeres y hombres?

a) El Consejo de Ministros.
b) El Ministerio de Asuntos sociales.
c) El Ministerio de Trabajo.
d) El Gobierno.

Respuesta: d) Artículo 18 Ley 3/2007. "En los términos que reglamentariamente se determinen, el Gobierno elaborará un informe periódico sobre el conjunto de sus actuaciones en relación con la efectividad del principio de igualdad entre mujeres y hombres."

71. ¿Sobre qué tratará el informe periódico que elabore el Gobierno?

a) Sobre el conjunto de sus actuaciones en relación con la efectividad del principio de igualdad entre mujeres y hombres
b) Sobre proyectos de disposiciones de carácter general.
c) Sobre medidas para alcanzar el objetivo de igualdad entre mujeres y hombres y eliminar la discriminación por razón de sexo.
d) Sobre medidas para alcanzar el objetivo de igualdad entre mujeres y hombres y favorecer la discriminación por razón de sexo.

Respuesta: a) Artículo 18 Ley 3/2007. "En los términos que reglamentariamente se determinen, el Gobierno elaborará un informe periódico sobre el conjunto de sus actuaciones en relación con la efectividad del principio de igualdad entre mujeres y hombres."

72. ¿Con qué frecuencia elaborará el Gobierno el informe periódico?

a) Semanalmente.
b) Mensualmente.
c) Anualmente.
d) No especifica la Ley

Respuesta: d) Artículo 18 Ley 3/2007. "En los términos que reglamentariamente se determinen, el Gobierno elaborará un informe periódico sobre el conjunto de sus actuaciones en relación con la efectividad del principio de igualdad entre mujeres y hombres."

73. ¿A quién dará cuenta el Gobierno del informe periódico?

   a) Al Consejo de Ministros.
   b) A las Cortes Generales.
   c) Al Ministerio de Asuntos Sociales.
   d) Al Ministro de Economía y Hacienda.

Respuesta: b) Artículo 18 Ley 3/2007. "De este informe se dará cuenta a las Cortes Generales."

74. Deberán incorporar un informe sobre su impacto por razón de género:

   a) Los proyectos de disposiciones de carácter particular.
   b) Los proyectos de disposiciones de carácter general.
   c) Los planes de especial relevancia económica, social, cultural y artística que se sometan a la aprobación del Consejo de Ministros.
   d) b) y c) son correctas.

Respuesta: d) Artículo 19 Ley 3/2007. "Los proyectos de disposiciones de carácter general y los planes de especial relevancia económica, social, cultural y artística que se sometan a la aprobación del Consejo de Ministros deberán incorporar un informe sobre su impacto por razón de género."

75. Los proyectos de disposiciones de carácter general y los planes de especial relevancia (Seleccione la incorrecta):

   a) Económica.
   b) Social.
   c) Comunicativa.
   d) Artística.

Respuesta: c) Artículo 19 Ley 3/2007. "Los proyectos de disposiciones de carácter general y los planes de especial relevancia económica, social, cultural y artística."

76. Al objeto de hacer efectivas las disposiciones contenidas en esta Ley y que se garantice la integración de modo efectivo de la perspectiva de género en su actividad ordinaria, los poderes públicos, en la elaboración de sus estudios y estadísticas, deberán:

   a) Incluir sistemáticamente la variable de sexo en las estadísticas, encuestas y recogida de datos que lleven a cabo.
   b) Establecer e incluir en las operaciones estadísticas nuevos indicadores que posibiliten un mejor conocimiento de las diferencias en los valores, roles, situaciones, condiciones, aspiraciones y necesidades de mujeres y hombres, su manifestación e interacción en la realidad que se vaya a analizar.
   c) Diseñar e introducir los indicadores y mecanismos necesarios que permitan el conocimiento de la incidencia de otras variables cuya concurrencia resulta generadora de situaciones de discriminación múltiple en los diferentes ámbitos de intervención.
   d) Todas son correctas.

Respuesta: d) Artículo 20 Ley 3/2007. "a) Incluir sistemáticamente la variable de sexo en las estadísticas, encuestas y recogida de datos que lleven a cabo. b) Establecer e incluir en las operaciones estadísticas nuevos indicadores que posibiliten un mejor conocimiento de las diferencias en los valores, roles, situaciones, condiciones, aspiraciones y necesidades de mujeres y hombres, su manifestación e interacción en la realidad que se vaya a analizar. c) Diseñar e introducir los indicadores y mecanismos necesarios que permitan el conocimiento de la incidencia de otras variables cuya concurrencia resulta generadora de situaciones de discriminación múltiple en los diferentes ámbitos de intervención."

77. Al objeto de hacer efectivas las disposiciones contenidas en esta Ley y que se garantice la integración de modo efectivo de la perspectiva de género en su actividad ordinaria, los poderes públicos, en la elaboración de sus estudios y estadísticas, deberán:

   a) Realizar muestras poco amplias.
   b) Revisar y, en su caso, adecuar las definiciones estadísticas existentes con objeto de contribuir al reconocimiento y valoración del trabajo de las mujeres y evitar la estereotipación negativa de determinados colectivos de mujeres.
   c) No incluir la variable sexo en las estadísticas, encuestas y recogida de datos que lleven a cabo.
   d) Diseñar e introducir los indicadores y mecanismos necesarios que impidan el conocimiento de la incidencia de otras variables cuya concurrencia resulta generadora de situaciones de discriminación múltiple en los diferentes ámbitos de intervención.

Respuesta: b) Artículo 20 Ley 3/2007. "Revisar y, en su caso, adecuar las definiciones estadísticas existentes con objeto de contribuir al reconocimiento y valoración del trabajo de las mujeres y evitar la estereotipación negativa de determinados colectivos de mujeres."

78. Al objeto de hacer efectiva las disposiciones contenidas en esta Ley y que se garantice la integración de modo efectivo de la perspectiva de género en su actividad ordinaria, los poderes públicos, en la elaboración de sus estudios y estadísticas, tendrán una serie de obligaciones:

- a) Sólo excepcionalmente, y mediante informe motivado y aprobado por el órgano competente, podrá justificarse el incumplimiento de alguna de las obligaciones anteriormente especificadas.
- b) Podrá justificarse el incumplimiento de estas obligaciones por razones económicas.
- c) No se podrá justificar el incumplimiento de estas obligaciones.
- d) Podrá justificarse el incumplimiento de estas obligaciones por razones legales.

Respuesta: a) Artículo 20 Ley 3/2007. "Sólo excepcionalmente, y mediante informe motivado y aprobado por el órgano competente, podrá justificarse el incumplimiento de alguna de las obligaciones anteriormente especificadas."

79. ¿Quiénes cooperarán para integrar el derecho de igualdad entre mujeres y hombres en el ejercicio de sus respectivas competencias y, en especial, en sus actuaciones de planificación?

- a) La Administración General del Estado y las Empresas Públicas.
- b) La Administración General del Estado y las Empresas Privadas.
- c) La Administración General del Estado y las Administraciones de las Comunidades Autónomas.
- d) La Administración General del Estado y los Ayuntamientos.

Respuesta: c) Artículo 21.1 Ley 3/2007. "La Administración General del Estado y las Administraciones de las Comunidades Autónomas cooperarán para integrar el derecho de igualdad entre mujeres y hombres en el ejercicio de sus respectivas competencias y, en especial, en sus actuaciones de planificación."

80. ¿Dónde podrán adoptarse planes y programas conjuntos de actuación con la finalidad de integrar el derecho de igualdad entre hombres y mujeres?

- a) En el Instituto de la Mujer.
- b) En los informes de impacto de género.
- c) En el Seno de la Conferencia Sectorial de la Mujer.
- d) En los Planes de Igualdad.

Respuesta: c) Artículo 21.1 Ley 3/2007. "En el seno de la Conferencia Sectorial de la Mujer podrán adoptarse planes y programas conjuntos de actuación con esta finalidad."

81. Las Entidades Locales integrarán el derecho de igualdad en el ejercicio de sus competencias y colaborarán, a tal efecto:

- a) Con el resto de Administraciones Públicas.
- b) Con las Comunidades Autónomas.
- c) Con la Administración General del Estado.
- d) Con otras entidades locales.

Respuesta: a) Artículo 21.2 Ley 3/2007. "Las Entidades Locales integrarán el derecho de igualdad en el ejercicio de sus competencias y colaborarán, a tal efecto, con el resto de las Administraciones públicas."

82. ¿Quiénes podrán establecer Planes Municipales de organización del tiempo de la ciudad?

- a) Las entidades locales.
- b) El Ministerio de Trabajo y Asuntos Sociales.
- c) Las Administraciones educativas.
- d) El Ministerio de Economía y Hacienda.

Respuesta: a) Artículo 22 Ley 3/2007. "Las Entidades Locales integrarán el derecho de igualdad en el ejercicio de sus competencias y colaborarán, a tal efecto, con el resto de las Administraciones públicas."

83. ¿Con qué fin se establecerán Planes Municipales de organización del tiempo de la ciudad?

- a) Con el fin de establecer medidas para la promoción de igualdad en el sector educativo.
- b) Con el fin de avanzar hacia un reparto equitativo de los tiempos entre mujeres y hombres
- c) Para incorporar en los deportes la efectiva consideración del principio de igualdad real y efectiva entre mujeres y hombres
- d) Para promover la igualdad en los contratos que el sector público celebre.

Respuesta: b) Artículo 22 Ley 3/2007. "Con el fin de avanzar hacia un reparto equitativo de los tiempos entre mujeres y hombres, las corporaciones locales podrán establecer Planes Municipales de organización del tiempo de la ciudad."

84. Sin perjuicio de las competencias de las _____, el _____ podrá prestar asistencia técnica para la elaboración de estos planes.

- a) Comunidades Autónomas / Ayuntamiento.
- b) Comunidades Autónomas / Estado.
- c) Corporaciones Locales / Estado.
- d) Corporaciones Locales / Estado.

Respuesta: b) Artículo 22 Ley 3/2007. "Sin perjuicio de las competencias de las Comunidades Autónomas, el Estado podrá prestar asistencia técnica para la elaboración de estos planes."

CAPÍTULO II ACCIÓN ADMINISTRATIVA PARA LA IGUALDAD

85. ¿Qué incluirá el sistema educativo entre sus fines?

a) La educación en el respeto de los derechos y libertades fundamentales y en la igualdad de derechos y oportunidades entre mujeres y hombres.
b) La eliminación de los obstáculos que dificultan la igualdad efectiva entre mujeres y hombre.
c) El fomento de la igualdad plena entre unas y otros.
d) Todas son correctas.

Respuesta: d) Artículo 23 Ley 3/2007. "El sistema educativo incluirá entre sus fines la educación en el respeto de los derechos y libertades fundamentales y en la igualdad de derechos y oportunidades entre mujeres y hombres. Asimismo, el sistema educativo incluirá, dentro de sus principios de calidad, la eliminación de los obstáculos que dificultan la igualdad efectiva entre mujeres y hombres y el fomento de la igualdad plena entre unas y otros."

86. ¿Quiénes garantizarán un igual derecho a la educación de mujeres y hombres a través de la integración activa, en los objetivos y en las actuaciones educativas, del principio de igualdad de trato?

a) Las Administraciones locales.
b) Los programas públicos.
c) Las autoridades públicas.
d) Las Administraciones educativas.

Respuesta: d) Artículo 24.1 Ley 3/2007. "Las Administraciones educativas garantizarán un igual derecho a la educación de mujeres y hombres a través de la integración activa, en los objetivos y en las actuaciones educativas, del principio de igualdad de trato."

87. Las Administraciones educativas, en el ámbito de sus respectivas competencias, desarrollarán, con tal finalidad, las siguientes actuaciones:

a) La atención especial en los currículos y solo en las primeras etapas educativas al principio de igualdad entre mujeres y hombres.
b) La promoción de la presencia desequilibrada de mujeres y hombres en los órganos de control y de gobierno de los centros docentes.
c) El establecimiento de medidas educativas destinadas al reconocimiento y enseñanza del papel de las mujeres en la Historia.
d) Todas son correctas.

Respuesta: c) Artículo 24.2 Ley 3/2007. "El establecimiento de medidas educativas destinadas al reconocimiento y enseñanza del papel de las mujeres en la Historia."

88. Indique cuál no es una actuación a desarrollar por las Administraciones educativas:

a) La cooperación con el resto de las Administraciones educativas para el desarrollo de proyectos y programas dirigidos a fomentar el conocimiento y la difusión, entre las personas de la comunidad educativa, de los principios de coeducación y de igualdad efectiva entre mujeres y hombres.
b) La integración del estudio y aplicación del principio de igualdad en los cursos y programas para la formación inicial y permanente del profesorado.
c) La promoción de la presencia equilibrada de mujeres y hombres en los órganos de control y de gobierno de los centros docentes.
d) La promoción de los comportamientos y contenidos sexistas y estereotipos que supongan discriminación entre mujeres y hombres, con especial consideración a ello en los libros de texto y materiales educativos.

Respuesta: d) Artículo 24.2 Ley 3/2007. "La eliminación y el rechazo de los comportamientos y contenidos sexistas y estereotipos que supongan discriminación entre mujeres y hombres, con especial consideración a ello en los libros de texto y materiales educativo."

89. En el ámbito de la educación superior, ¿quiénes fomentarán la enseñanza y la investigación sobre el significado y alcance de la igualdad entre mujeres y hombres?

a) El Gobierno.
b) Las Administraciones públicas.
c) Las Administraciones locales.
d) Las Administraciones educativas.

Respuesta: b) Artículo 25.1 Ley 3/2007. "En el ámbito de la educación superior, las Administraciones públicas en el ejercicio de sus respectivas competencias fomentarán la enseñanza y la investigación sobre el significado y alcance de la igualdad entre mujeres y hombres."

90. En particular, y con tal finalidad, las Administraciones públicas promoverán, señala la incorrecta:

a) La inclusión, en los planes de estudio en que proceda, de enseñanzas en materia de igualdad entre mujeres y hombres.
b) La realización de estudios e investigaciones especializadas en la materia.
c) La presencia equilibrada de hombres y mujeres en las universidades.
d) La creación de postgrados específicos.

Respuesta: c) Artículo 25.2 Ley 3/2007. "En particular, y con tal finalidad, las Administraciones públicas promoverán: La inclusión, en los planes de estudio en que proceda, de enseñanzas en

materia de igualdad entre mujeres y hombres. La creación de postgrados específicos. La realización de estudios e investigaciones especializadas en la materia."

91. ¿Quiénes velarán por hacer efectivo el principio de igualdad de trato y de oportunidades entre mujeres y hombres en todo lo concerniente a la creación y producción artística e intelectual y a la difusión de la misma?

- a) Las autoridades Públicas.
- b) El Gobierno.
- c) Las Administraciones Públicas.
- d) Las Administraciones educativas.

Respuesta: a) Artículo 26.1 Ley 3/2007. "Las autoridades públicas, en el ámbito de sus competencias, velarán por hacer efectivo el principio de igualdad de trato y de oportunidades entre mujeres y hombres en todo lo concerniente a la creación y producción artística e intelectual y a la difusión de la misma."

92. Los distintos organismos, agencias, entes y demás estructuras de las administraciones públicas que de modo directo o indirecto configuren el sistema de gestión cultural, desarrollarán las siguientes actuaciones:

- a) Adoptar iniciativas destinadas a favorecer la promoción específica de las mujeres en la cultura y a combatir su discriminación estructural y/o difusa.
- b) Promover la presencia equilibrada de mujeres y hombres en la oferta artística y cultural pública.
- c) Que se respete y se garantice la representación equilibrada en los distintos órganos consultivos, científicos y de decisión existentes en el organigrama artístico y cultural.
- d) Todas son correctas.

Respuesta: d) Artículo 26.2 Ley 3/2007. "Adoptar iniciativas destinadas a favorecer la promoción específica de las mujeres en la cultura y a combatir su discriminación estructural y/o difusa. Promover la presencia equilibrada de mujeres y hombres en la oferta artística y cultural pública. Que se respete y se garantice la representación equilibrada en los distintos órganos consultivos, científicos y de decisión existentes en el organigrama artístico y cultural."

93. Seleccione cuál no es una actuación a realizar por los distintos organismos, agencias, entes y demás estructuras de las administraciones públicas:

- a) Promover la presencia equilibrada de mujeres y hombres en la oferta artística y cultural pública.
- b) Adoptar medidas de acción positiva a la creación y producción artística e intelectual de las mujeres, propiciando el intercambio cultural, intelectual y

artístico, únicamente de forma nacional, y la suscripción de convenios con los organismos competentes.
c) En general y al amparo del artículo 11 de la presente Ley, todas las acciones positivas necesarias para corregir las situaciones de desigualdad en la producción y creación intelectual artística y cultural de las mujeres.
d) Políticas activas de ayuda a la creación y producción artística e intelectual de autoría femenina, traducidas en incentivos de naturaleza económica, con el objeto de crear las condiciones para que se produzca una efectiva igualdad de oportunidades.

Respuesta: b) Artículo 26.2 Ley 3/2007. "Adoptar medidas de acción positiva a la creación y producción artística e intelectual de las mujeres, propiciando el intercambio cultural, intelectual y artístico, tanto nacional como internacional, y la suscripción de convenios con los organismos competentes."

94. Las políticas, estrategias y programas de salud integrarán, en su _____, las distintas necesidades de mujeres y hombres y las medidas necesarias para abordarlas adecuadamente.

    a) Creación, evaluación y consulta.
    b) Creación, desarrollo y modificación.
    c) Formulación, desarrollo y evaluación.
    d) Formulación, normativa y desarrollo.

Respuesta: c) Artículo 27.1 Ley 3/2007. "Las políticas, estrategias y programas de salud integrarán, en su formulación, desarrollo y evaluación, las distintas necesidades de mujeres y hombres y las medidas necesarias para abordarlas adecuadamente."

95. Las Administraciones públicas garantizarán un igual derecho a la salud de las mujeres y hombres, a través de la:

    a) Integración pasiva.
    b) Integración activa.
    c) Promoción de políticas de equidad de género en la salud.
    d) Eliminación de cualquier forma de discriminación.

Respuesta: b) Artículo 27.2 Ley 3/2007. "Las Administraciones públicas garantizarán un igual derecho a la salud de las mujeres y hombres, a través de la integración activa."

96. _____ a través de sus Servicios de Salud y de los órganos competentes en cada caso, desarrollarán, de acuerdo con el principio de igualdad de oportunidades, actuaciones mediante la Integración del principio de igualdad en la política de salud.

a) Las Administraciones educativas.
b) Las Administraciones públicas.
c) Las autoridades públicas.
d) El Gobierno.

Respuesta: b) Artículo 27.3 Ley 3/2007. "Las Administraciones públicas, a través de sus Servicios de Salud y de los órganos competentes en cada caso, desarrollarán, de acuerdo con el principio de igualdad de oportunidades, las siguientes actuaciones."

97. Las Administraciones públicas, a través de sus Servicios de Salud y de los órganos competentes en cada caso, desarrollarán, de acuerdo con el principio de igualdad de oportunidades, las siguientes actuaciones:

a) La presencia desequilibrada de mujeres y hombres en los puestos directivos y de responsabilidad profesional del conjunto del Sistema Nacional de Salud.
b) La eliminación, dentro de la protección, promoción y mejora de la salud laboral, del acoso sexual y el acoso por razón de sexo.
c) La adopción sistemática, dentro de las acciones de educación sanitaria, de iniciativas destinadas a favorecer la obstaculización específica de la salud de las mujeres, así como a prevenir su discriminación.
d) La consideración, dentro de la protección, promoción y mejora de la salud laboral, del acoso sexual y el acoso por razón de sexo.

Respuesta: d) Artículo 27.3 Ley 3/2007. "La consideración, dentro de la protección, promoción y mejora de la salud laboral, del acoso sexual y el acoso por razón de sexo."

98. ¿Quiénes incorporarán la efectiva consideración del principio de igualdad de oportunidades entre mujeres y hombres en su diseño y ejecución?

a) Todos los programas públicos de desarrollo de la Sociedad de la Información.
b) Los programas creados por mujeres de la Sociedad de la Información.
c) Todos los programas privados de desarrollo de la Sociedad de la Información.
d) Aquellos programas que cuenten con Planes de Igualdad.

Respuesta: a) Artículo 28.1 Ley 3/2007. "Todos los programas públicos de desarrollo de la Sociedad de la Información incorporarán la efectiva consideración del principio de igualdad de oportunidades entre mujeres y hombres en su diseño y ejecución."

99. Todos los programas públicos de desarrollo de la Sociedad de la Información incorporarán la efectiva consideración del principio de igualdad de oportunidades entre mujeres y hombres:

a) Solo en su diseño.

- b) Solo en su ejecución.
- c) En su evaluación global.
- d) En su diseño y ejecución.

Respuesta: d) Artículo 28.1 Ley 3/2007. "Todos los programas públicos de desarrollo de la Sociedad de la Información incorporarán la efectiva consideración del principio de igualdad de oportunidades entre mujeres y hombres en su diseño y ejecución."

100. Selecciona la opción correcta:
- a) El Ministerio de Asuntos Sociales promoverá la plena incorporación de las mujeres en la Sociedad de la Información mediante el desarrollo de programas específicos.
- b) El Ministerio de Asuntos Sociales promoverá la plena incorporación de las mujeres en la Sociedad de la Información mediante el desarrollo de programas específicos.
- c) El Gobierno obligará a la plena incorporación de las mujeres en la Sociedad de la Información mediante el desarrollo de programas específicos.
- d) El Gobierno promoverá la plena incorporación de las mujeres en la Sociedad de la Información mediante el desarrollo de programas específicos.

Respuesta: d) Artículo 28.2 Ley 3/2007. "El Gobierno promoverá la plena incorporación de las mujeres en la Sociedad de la Información mediante el desarrollo de programas específicos."

101. El Gobierno promoverá la plena incorporación de las mujeres en la Sociedad de la Información mediante el desarrollo de programas específicos, en especial:
- a) En materia de acceso y formación en tecnologías de la información y de las comunicaciones, contemplando las de colectivos de riesgo de exclusión y del ámbito rural.
- b) En materia de salarios en tecnologías de la Información y de las comunicaciones.
- c) En materia de promoción en tecnologías de la información y de las comunicaciones.
- d) En materia de acceso y formación en tecnologías de la información y de las comunicaciones, sin contemplar las de colectivos de riesgo de exclusión y del ámbito rural.

Respuesta: a) Artículo 28.2 Ley 3/2007. "En materia de acceso y formación en tecnologías de la información y de las comunicaciones, contemplando las de colectivos de riesgo de exclusión y del ámbito rural."

102. Según la Ley 3/2007, selecciona la opción correcta:
- a) El Gobierno promoverá los contenidos creados por hombres en el ámbito de la Sociedad de la Información.

b) El Gobierno promoverá los contenidos creados por mujeres en el ámbito de la Sociedad de la Información.
c) El Gobierno no promoverá ningún contenido en el ámbito de la Sociedad de la Información con el fin de fomentar la igualdad entre hombres y mujeres.
d) El Gobierno promoverá los contenidos creados tanto por hombres como mujeres en el ámbito de la Sociedad de la Información con el fin de fomentar la igualdad entre hombres y mujeres.

Respuesta: b) Artículo 28.3 Ley 3/2007. "El Gobierno promoverá los contenidos creados por mujeres en el ámbito de la Sociedad de la Información."

103. Indica la afirmación correcta, según la Ley 3/2007:
a) En los proyectos del ámbito de las tecnologías de la información y la comunicación sufragados totalmente con dinero público, se garantizará que su lenguaje y contenidos sean no sexistas.
b) En los proyectos del ámbito de las tecnologías de la información y la comunicación sufragados parcialmente con dinero público, se garantizará que su lenguaje y contenidos sean no sexistas.
c) En los proyectos del ámbito de las tecnologías de la información y la comunicación sufragados total o parcialmente con dinero público, se garantizará que su lenguaje y contenidos sean sexistas.
d) En los proyectos del ámbito de las tecnologías de la información y la comunicación sufragados total o parcialmente con dinero público, se garantizará que su lenguaje y contenidos sean no sexistas.

Respuesta: d) Artículo 28.4 Ley 3/2007. "En los proyectos del ámbito de las tecnologías de la información y la comunicación sufragados total o parcialmente con dinero público, se garantizará que su lenguaje y contenidos sean no sexistas."

104. Todos los programas públicos de desarrollo del deporte incorporarán la efectiva consideración del principio de igualdad real y efectiva entre mujeres y hombres:
a) En su diseño y ejecución.
b) Exclusivamente en los programas dedicados a deportes mixtos.
c) Durante la fase de planificación estratégica.
d) Sólo si hay demanda explícita de las organizaciones deportivas.

Respuesta: a) Artículo 29.1 Ley 3/2007. "Todos los programas públicos de desarrollo del deporte incorporarán la efectiva consideración del principio de igualdad real y efectiva entre mujeres y hombres en su diseño y ejecución."

105. ¿Quién promoverá el deporte femenino y favorecerá la efectiva apertura de las disciplinas deportivas a las mujeres, mediante el desarrollo de programas específicos?

- a) Las Administraciones Públicas.
- b) El Gobierno.
- c) El Consejo de Ministros.
- d) El Ministerio de Igualdad.

Respuesta: b) Artículo 29.1 Ley 3/2007. "El Gobierno promoverá el deporte femenino y favorecerá la efectiva apertura de las disciplinas deportivas a las mujeres, mediante el desarrollo de programas específicos."

106. El Gobierno promoverá el deporte femenino y favorecerá la efectiva apertura de las disciplinas deportivas a las mujeres, mediante el desarrollo de programas específicos:

- a) En todas las etapas de la vida y en todos los niveles, incluidos los de responsabilidad y decisión.
- b) En todas las etapas de la vida y en todos los niveles, excluidos los de responsabilidad y decisión.
- c) Centrado en etapas tempranas y nivel amateur.
- d) Limitado a ciertas etapas de la vida y niveles de iniciación.

Respuesta: a) Artículo 29.2 Ley 3/2007. "El Gobierno promoverá el deporte femenino y favorecerá la efectiva apertura de las disciplinas deportivas a las mujeres, mediante el desarrollo de programas específicos en todas las etapas de la vida y en todos los niveles, incluidos los de responsabilidad y decisión."

107. En cuanto al desarrollo rural de la Ley 3/2007, ¿quién desarrollarán la figura jurídica de la titularidad compartida?

- a) El Ministerio de Agricultura, Pesca y Alimentación y el Ministerio de Trabajo y Asuntos Sociales
- b) Las Administraciones Públicas.
- c) El Consejo de Ministros.
- d) El Ministerio de Fomento y el de Hacienda y Administraciones Públicas.

Respuesta: a) Artículo 30.1 Ley 3/2007. "A fin de hacer efectiva la igualdad entre mujeres y hombres en el sector agrario, el Ministerio de Agricultura, Pesca y Alimentación y el Ministerio de Trabajo y Asuntos Sociales desarrollarán la figura jurídica de la titularidad compartida."

108. A fin de hacer efectiva la igualdad entre mujeres y hombres en el sector agrario, el Ministerio de Agricultura, Pesca y Alimentación y el Ministerio de Trabajo y Asuntos Sociales desarrollarán:

a) La figura jurídica de la titularidad compartida, para que se reconozcan plenamente los derechos de las mujeres en el sector agrario.
b) La correspondiente protección de la Seguridad Social.
c) El reconocimiento de su trabajo.
d) Todas son correctas.

Respuesta: d) Artículo 30.1 Ley 3/2007. "El Ministerio de Agricultura, Pesca y Alimentación y el Ministerio de Trabajo y Asuntos Sociales desarrollarán la figura jurídica de la titularidad compartida, para que se reconozcan plenamente los derechos de las mujeres en el sector agrario, la correspondiente protección de la Seguridad Social, así como el reconocimiento de su trabajo."

109. ¿Qué acciones se incluirán las actuaciones encaminadas al desarrollo del medio rural?

a) Una disminución de la participación de las mujeres en la vida comunitaria.
b) Una reducción en la accesibilidad de los servicios básicos en las zonas rurales.
c) Acciones dirigidas a mejorar el nivel educativo y de formación de las mujeres.
d) Un aumento de la migración de las mujeres hacia áreas urbanas.

Respuesta: c) Artículo 30.2 Ley 3/2007. "En las actuaciones encaminadas al desarrollo del medio rural, se incluirán acciones dirigidas a mejorar el nivel educativo y de formación de las mujeres."

110. En las actuaciones encaminadas al desarrollo del medio rural, se incluirán acciones dirigidas a mejorar el nivel educativo y de formación de las mujeres, y especialmente:

a) Las que favorezcan su incorporación al mercado de trabajo y a los órganos de dirección de empresas y asociaciones.
b) Las que faciliten la participación en eventos culturales locales.
c) Las que promuevan el turismo en el medio rural.
d) Las que mejoren las infraestructuras del medio rural.

Respuesta: a) Artículo 30.2 Ley 3/2007. "En las actuaciones encaminadas al desarrollo del medio rural, se incluirán acciones dirigidas a mejorar el nivel educativo y de formación de las mujeres, y especialmente las que favorezcan su incorporación al mercado de trabajo y a los órganos de dirección de empresas y asociaciones."

111. Las Administraciones públicas promoverán nuevas actividades laborales:

a) Que favorezcan el trabajo de las mujeres en el mundo urbano.
b) Que favorezcan el trabajo de las mujeres en el mundo rural.
c) Limitar las oportunidades laborales de las mujeres.
d) Favorecer el trabajo masculino en el mundo rural.

Respuesta: b) Artículo 30.3 Ley 3/2007. "Las Administraciones públicas promoverán nuevas actividades laborales que favorezcan el trabajo de las mujeres en el mundo rural."

112. Las Administraciones públicas promoverán el desarrollo de una red de servicios sociales para atender a _____ como medida de conciliación de la vida laboral, familiar y personal de hombres y mujeres en mundo rural.

   a) Menores.
   b) Menores y mayores.
   c) Menores, mayores y mujeres víctimas de violencia de género.
   d) Menores, mayores y dependientes.

Respuesta: d) Artículo 30.4 Ley 3/2007. "Las Administraciones públicas promoverán el desarrollo de una red de servicios sociales para atender a menores, mayores y dependientes como medida de conciliación de la vida laboral, familiar y personal de hombres y mujeres en mundo rural."

113. ¿Quiénes fomentarán la igualdad de oportunidades en el acceso a las tecnologías de la información y la comunicación mediante el uso de políticas y actividades dirigidas a la mujer rural?

   a) Los Ayuntamientos del municipio.
   b) Las Comunidades Autónomas.
   c) Los Poderes Públicos.
   d) Los ciudadanos.

Respuesta: c) Artículo 30.5 Ley 3/2007. "Los poderes públicos fomentarán la igualdad de oportunidades en el acceso a las tecnologías de la información y la comunicación mediante el uso de políticas y actividades dirigidas a la mujer rural."

114. Según la Ley 3/2007, ¿qué incluirán las políticas y planes de las Administraciones públicas en materia de acceso a la vivienda

   a) Medidas destinadas a hacer efectivo el principio de igualdad entre mujeres y hombres.
   b) Medidas destinadas a favorecer la venta a viviendas a las mujeres.
   c) Medidas destinadas a favorecer el alquiler a viviendas a las mujeres.
   d) Ayudas económicas para las mujeres con pocos ingresos.

Respuesta: c) Artículo 31.1 Ley 3/2007. "Las políticas y planes de las Administraciones públicas en materia de acceso a la vivienda incluirán medidas destinadas a hacer efectivo el principio de igualdad entre mujeres y hombres."

115. Según la Ley 3/2007, ¿cuál es uno de los objetivos principales de las políticas urbanas y de ordenación del territorio?

    a) Limitar el acceso a servicios e infraestructuras urbanas.
    b) Favorecer únicamente a las estructuras familiares tradicionales.
    c) Tomar en consideración las necesidades de los grupos sociales mayoritarios.
    d) Favorecer el acceso en condiciones de igualdad a los distintos servicios e infraestructuras urbanas.

Respuesta: d) Artículo 31.1 Ley 3/2007. "Del mismo modo, las políticas urbanas y de ordenación del territorio tomarán en consideración las necesidades de los distintos grupos sociales y de los diversos tipos de estructuras familiares, y favorecerán el acceso en condiciones de igualdad a los distintos servicios e infraestructuras urbanas."

116. ¿Quién fomentará el acceso a la vivienda de las mujeres en situación de necesidad o en riesgo de exclusión, y de las que hayan sido víctimas de la violencia de género?

    a) Las Comunidades Autónomas.
    b) El Ministerio de Igualdad.
    c) El Gobierno.
    d) Todas son correctas.

Respuesta: c) Artículo 31.2 Ley 3/2007. "El Gobierno, en el ámbito de sus competencias, fomentará el acceso a la vivienda de las mujeres en situación de necesidad o en riesgo de exclusión, y de las que hayan sido víctimas de la violencia de género, en especial cuando, en ambos casos, tengan hijos menores exclusivamente a su cargo."

117. ¿En qué tendrán en cuenta las Administraciones Públicas en la perspectiva de género, utilizando para ello, especialmente, mecanismos e instrumentos que fomenten y favorezcan la participación ciudadana y la transparencia?

    a) En el diseño de la ciudad.
    b) En las políticas urbanas.
    c) En la definición y ejecución del planeamiento urbanístico.
    d) Todas son correctas.

Respuesta: d) Artículo 31.3 Ley 3/2007. "Las Administraciones públicas tendrán en cuenta en el diseño de la ciudad, en las políticas urbanas, en la definición y ejecución del planeamiento urbanístico, la perspectiva de género, utilizando para ello, especialmente, mecanismos e instrumentos que fomenten y favorezcan la participación ciudadana y la transparencia."

118. Según el artículo 32 de la Ley 3/2007, ¿qué incluirán el principio de igualdad entre mujeres y hombres como un elemento sustancial en su agenda de prioridades?

- a) Políticas, planes.
- b) Documentos de planificación estratégica, tanto sectorial como geográfica.
- c) Herramientas de programación operativa de la cooperación española para el desarrollo.
- d) Todas son correctas.

Respuesta: d) Artículo 32.1 Ley 3/2007. "Todas las políticas, planes, documentos de planificación estratégica, tanto sectorial como geográfica, y herramientas de programación operativa de la cooperación española para el desarrollo, incluirán el principio de igualdad entre mujeres y hombres como un elemento sustancial en su agenda de prioridades, y recibirán un tratamiento de prioridad transversal y específica en sus contenidos."

119. "Además, se elaborará una_____ entre mujeres y hombres para la cooperación española, que se actualizará _____ a partir de los logros y lecciones aprendidas en los procesos anteriores."

- a) Estrategia Sectorial de Igualdad / anualmente.
- b) Estrategia Sectorial de Igualdad / periódicamente.
- c) Comisión de Igualdad / anualmente.
- d) Comisión de Igualdad / periódicamente.

Respuesta: b) Artículo 32.2 Ley 3/2007. "Además, se elaborará una Estrategia Sectorial de Igualdad entre mujeres y hombres para la cooperación española, que se actualizará periódicamente a partir de los logros y lecciones aprendidas en los procesos anteriores."

120. La Administración española planteará un proceso progresivo, _____, de integración efectiva del principio de igualdad y del enfoque de género en desarrollo:

- a) A largo plazo.
- b) A corto plazo.
- c) Inmediatamente.
- d) A medio plazo.

Respuesta: d) Artículo 32.3 Ley 3/2007. "La Administración española planteará un proceso progresivo, a medio plazo."

121. ¿Qué siglas usa la Ley de Igualdad entre hombres y mujeres para "Enfoque de género en desarrollo"?

- a) EGD.
- b) GED.

c) DEG.
d) EDGED.

Respuesta: b) Artículo 32.3 Ley 3/2007. "La Administración española planteará un proceso progresivo, a medio plazo, de integración efectiva del principio de igualdad y del enfoque de género en desarrollo (GED)."

122. ¿Quiénes podrán establecer condiciones especiales con el fin de promover la igualdad entre mujeres y hombres en el mercado de trabajo, de acuerdo con lo establecido en la legislación de contratos del sector público?

a) El órgano de contratación.
b) Las Administraciones Públicas.
c) Los Ministerios que formalicen un contrato del sector público.
d) El adjudicatario del contrato.

Respuesta: b) Artículo 33 Ley 3/2007. "Las Administraciones públicas, en el ámbito de sus respectivas competencias, a través de sus órganos de contratación y, en relación con la ejecución de los contratos que celebren, podrán establecer condiciones especiales con el fin de promover la igualdad entre mujeres y hombres en el mercado de trabajo, de acuerdo con lo establecido en la legislación de contratos del sector público."

123. ¿Con qué frecuencia se determinan los contratos de la Administración General del Estado y de sus organismos públicos que obligatoriamente deberán incluir entre sus condiciones de ejecución medidas tendentes a promover la igualdad efectiva entre mujeres y hombres en el mercado de trabajo?

a) Anualmente.
b) Mensualmente.
c) Semanalmente.
d) Periódicamente.

Respuesta: a) Artículo 34.1 Ley 3/2007. "Anualmente, el Consejo de Ministros, a la vista de la evolución e impacto de las políticas de igualdad en el mercado laboral, determinará los contratos de la Administración General del Estado y de sus organismos públicos que obligatoriamente deberán incluir entre sus condiciones de ejecución medidas tendentes a promover la igualdad efectiva entre mujeres y hombres en el mercado de trabajo."

124. ¿Quién determinará los contratos de la Administración General del Estado y de sus organismos públicos que obligatoriamente deberán incluir entre sus condiciones de ejecución medidas tendentes a promover la igualdad efectiva entre mujeres y hombres en el mercado de trabajo?

a) El Consejo de Ministros.
b) El Gobierno.
c) Los Poderes Públicos.
d) El Congreso.

Respuesta: a) Artículo 34.1 Ley 3/2007. "Anualmente, el Consejo de Ministros, a la vista de la evolución e impacto de las políticas de igualdad en el mercado laboral, determinará los contratos de la Administración General del Estado y de sus organismos públicos que obligatoriamente deberán incluir entre sus condiciones de ejecución medidas tendentes a promover la igualdad efectiva entre mujeres y hombres en el mercado de trabajo."

125. ¿Quiénes podrán establecer en los pliegos de cláusulas administrativas particulares la preferencia en la adjudicación de los contratos de las proposiciones presentadas por aquellas empresas que sus condiciones de ejecución medidas tendentes a promover la igualdad efectiva entre mujeres y hombres en el mercado de trabajo?

a) Los Poderes Públicos.
b) El adjudicatario del contrato.
c) Los órganos de contratación.
d) Las Administraciones Públicas.

Respuesta: c) Artículo 34.2 Ley 3/2007. "Los órganos de contratación podrán establecer en los pliegos de cláusulas administrativas particulares la preferencia en la adjudicación de los contratos de las proposiciones presentadas por aquellas empresas que, en el momento de acreditar su solvencia técnica o profesional, cumplan con las directrices del apartado anterior, siempre que estas proposiciones igualen en sus términos a las más ventajosas."

126. ¿Se pueden dar preferencia en adjudicaciones de contratos de empresas que incluyan entre sus condiciones de ejecución medidas tendentes a promover la igualdad efectiva entre mujeres y hombres en el mercado de trabajo?

a) No, no se puede dar preferencia a ninguna empresa.
b) Sí, siempre que estas proposiciones igualen en sus términos a las más ventajosas.
c) Sí, siempre que dicha empresa acredite más de 10 años de experiencia.
d) No, salvo que una disposición reglamentaria indique lo contrario.

Respuesta: b) Artículo 34.2 Ley 3/2007. "Los órganos de contratación podrán establecer en los pliegos de cláusulas administrativas particulares la preferencia en la adjudicación de los contratos de las proposiciones presentadas por aquellas empresas que, en el momento de acreditar su solvencia técnica o profesional, cumplan con las directrices del apartado anterior, siempre que estas proposiciones igualen en sus términos a las más ventajosas."

127. Las Administraciones públicas, en los planes estratégicos de subvenciones que adopten en el ejercicio de sus competencias:

   a) Determinarán los ámbitos en que, por razón de la existencia de una situación de desigualdad de oportunidades entre mujeres y hombres.
   b) Las bases reguladoras de las correspondientes subvenciones puedan incluir la valoración de actuaciones de efectiva consecución de la igualdad por parte de las entidades solicitantes.
   c) Podrán valorarse, entre otras, las medidas de conciliación de la vida personal, laboral y familiar, de responsabilidad social de la empresa, o la obtención del distintivo empresarial.
   d) Todas son correctas.

Respuesta: d) Artículo 35 Ley 3/2007. "Las Administraciones públicas, en los planes estratégicos de subvenciones que adopten en el ejercicio de sus competencias, determinarán los ámbitos en que, por razón de la existencia de una situación de desigualdad de oportunidades entre mujeres y hombres, las bases reguladoras de las correspondientes subvenciones puedan incluir la valoración de actuaciones de efectiva consecución de la igualdad por parte de las entidades solicitantes. A estos efectos podrán valorarse, entre otras, las medidas de conciliación de la vida personal, laboral y familiar, de responsabilidad social de la empresa, o la obtención del distintivo empresarial."

TÍTULO III IGUALDAD Y MEDIOS DE COMUNICACIÓN

128. Los medios de comunicación social de titularidad pública velarán por la transmisión de una imagen:

   a) Igualitaria, plural y no estereotipada.
   b) Igualitaria, singular y no estereotipada.
   c) Igualitaria, plural y estereotipada.
   d) Igualitaria, singular y estereotipada.

Respuesta: a) Artículo 36 Ley 3/2007. "Los medios de comunicación social de titularidad pública velarán por la transmisión de una imagen igualitaria, plural y no estereotipada."

129. ¿Cuál es la responsabilidad de los medios de comunicación social de titularidad pública?

   a) Promover la exclusión de ciertos grupos sociales.
   b) Velar por la transmisión de una imagen igualitaria, plural y no estereotipada de mujeres y hombres en la sociedad.
   c) Mantener los estereotipos de género.
   d) Limitar el acceso a la información sobre igualdad de género.

Respuesta: b) Artículo 36 Ley 3/2007. "Los medios de comunicación social de titularidad pública velarán por la transmisión de una imagen igualitaria, plural y no estereotipada."

130. ¿Cuál de los siguientes objetivos perseguirá la Corporación RTVE?

a) Reflejar adecuadamente la presencia de los hombres en los diversos ámbitos de la vida social.
b) Utilizar el lenguaje en forma sexista.
c) Adoptar, mediante la autorregulación, códigos de conducta tendentes a transmitir el contenido del principio de igualdad.
d) Colaborar con las campañas institucionales dirigidas a fomentar la diferencia entre mujeres y hombres y a fomentar la violencia de género.

Respuesta: c) Artículo 37.1 Ley 3/2007. "Adoptar, mediante la autorregulación, códigos de conducta tendentes a transmitir el contenido del principio de igualdad."

131. La Corporación RTVE:

a) Promoverá la incorporación de las mujeres a puestos de responsabilidad directiva y profesional.
b) Fomentará la relación con asociaciones y grupos de mujeres para identificar sus necesidades en el ámbito de la comunicación.
c) Fomentará la relación con asociaciones y grupos de mujeres para identificar sus intereses en el ámbito de la comunicación.
d) Todas son correctas.

Respuesta: d) Artículo 37.2 Ley 3/2007. "La Corporación RTVE promoverá la incorporación de las mujeres a puestos de responsabilidad directiva y profesional. Asimismo, fomentará la relación con asociaciones y grupos de mujeres para identificar sus necesidades e intereses en el ámbito de la comunicación."

132. ¿Cuál de los siguientes objetivos perseguirá la Agencia EFE?

a) Reflejar adecuadamente la presencia de las mujeres en los diversos ámbitos de la vida social.
b) Utilizar el lenguaje en forma no sexista.
c) Adoptar, mediante la dependencia externa, códigos de conducta tendentes a transmitir el contenido del principio de igualdad.
d) a) y b) son correctas.

Respuesta: d) Artículo 38.1 Ley 3/2007. "a) Reflejar adecuadamente la presencia de la mujer en los diversos ámbitos de la vida social. b) Utilizar el lenguaje en forma no sexista."

133. ¿Cuál es uno de los objetivos de la Agencia EFE?

a) Excluir a las mujeres de puestos de responsabilidad.
b) Promover la incorporación de las mujeres a puestos de responsabilidad directiva y profesional.
c) Limitar la relación con asociaciones y grupos de mujeres.
d) Ignorar las necesidades e intereses de las mujeres en el ámbito de la comunicación.

Respuesta: b) Artículo 38.2 Ley 3/2007. "La Agencia EFE promoverá la incorporación de las mujeres a puestos de responsabilidad directiva y profesional."

134. ¿Qué medios de comunicación respetarán la igualdad entre mujeres y hombres, evitando cualquier forma de discriminación?

a) Los medios de titularidad pública.
b) La Agencia EFE.
c) Los medios de titularidad privada.
d) Todos los medios.

Respuesta: d) Artículo 39.1 Ley 3/2007. "Todos los medios de comunicación respetarán la igualdad entre mujeres y hombres, evitando cualquier forma de discriminación."

135. Seleccione la afirmación correcta:

a) Las Administraciones públicas promoverán la adopción por parte de los medios de comunicación de acuerdos de autorregulación que contribuyan al cumplimiento de la legislación en materia de igualdad entre mujeres y hombres, incluyendo las actividades de venta y publicidad que en aquellos se desarrollen.
b) Las Comunidades Autónomas promoverán la adopción por parte de los medios de comunicación de acuerdos de autorregulación que contribuyan al cumplimiento de la legislación en materia de igualdad entre mujeres y hombres, incluyendo las actividades de venta y publicidad que en aquellos se desarrollen.
c) Las Administraciones públicas promoverán la adopción por parte de los medios de comunicación de acuerdos de autorregulación que contribuyan al cumplimiento de la legislación en materia de igualdad entre mujeres y hombres, sin incluir las actividades de venta y publicidad que en aquellos se desarrollen.
d) Las Comunidades Autónomas promoverán la adopción por parte de los medios de comunicación de acuerdos de autorregulación que contribuyan al cumplimiento de la legislación en materia de igualdad entre mujeres y hombres, sin incluir las actividades de venta y publicidad que en aquellos se desarrollen.

Respuesta: a) Artículo 39.2 Ley 3/2007. "Las Administraciones públicas promoverán la adopción por parte de los medios de comunicación de acuerdos de autorregulación que

contribuyan al cumplimiento de la legislación en materia de igualdad entre mujeres y hombres, incluyendo las actividades de venta y publicidad que en aquellos se desarrollen."

136. ¿Cuál es la responsabilidad de las autoridades respecto a los medios audiovisuales según la Ley 3/2007?

- a) Ignorar el tratamiento de las mujeres en los medios audiovisuales.
- b) Velar porque los medios audiovisuales cumplan sus obligaciones adoptando medidas necesarias.
- c) Promover la desigualdad de género en los medios audiovisuales.
- d) No intervenir en el tratamiento de las mujeres en los medios audiovisuales.

Respuesta: b) Artículo 40 Ley 3/2007. "Las Autoridades a las que corresponda velar por que los medios audiovisuales cumplan sus obligaciones adoptarán las medidas que procedan, de acuerdo con su regulación, para asegurar un tratamiento de las mujeres conforme con los principios y valores constitucionales."

137. La publicidad que comporte una conducta discriminatoria de acuerdo con esta Ley se considerará publicidad:

- a) Nula.
- b) Ilícita.
- c) Lícita.
- d) Prohibida.

Respuesta: b) Artículo 41 Ley 3/2007. "La publicidad que comporte una conducta discriminatoria de acuerdo con esta Ley se considerará publicidad ilícita."

138. La publicidad que comporte una conducta discriminatoria de acuerdo con esta Ley se considerará publicidad ilícita, de conformidad con lo previsto en la:

- a) Legislación civil y mercantil.
- b) La legislación general de publicidad y de publicidad y comunicación institucional.
- c) La legislación penal.
- d) La legislación laboral.

Respuesta: b) Artículo 41 Ley 3/2007. "La publicidad que comporte una conducta discriminatoria de acuerdo con esta Ley se considerará publicidad ilícita, de conformidad con lo previsto en la legislación general de publicidad y de publicidad y comunicación institucional."

TÍTULO IV EL DERECHO AL TRABAJO EN IGUALDAD DE OPORTUNIDADES

CAPÍTULO I IGUALDAD DE TRATO Y DE OPORTUNIDADES EN EL ÁMBITO LABORAL

139. ¿Cuál será uno de los objetivos prioritarios de las políticas de empleo?

- a) Incrementar la edad de jubilación.
- b) Reducir la jornada laboral para todos los trabajadores.
- c) Aumentar la participación de las mujeres en el mercado de trabajo y avanzar en la igualdad efectiva entre mujeres y hombres.
- d) Promover el teletrabajo para los hombres.

Respuesta: c) Artículo 42.1 Ley 3/2007. "Las políticas de empleo tendrán como uno de sus objetivos prioritarios aumentar la participación de las mujeres en el mercado de trabajo y avanzar en la igualdad efectiva entre mujeres y hombres."

140. ¿Cómo se mejorará la participación de las mujeres en el mercado de trabajo?

- a) Reduciendo las oportunidades de formación de las mujeres.
- b) Aumentando la edad mínima de empleo de las mujeres.
- c) Mejorando la empleabilidad y la permanencia en el empleo de las mujeres.
- d) Promoviendo trabajos temporales solo para mujeres.

Respuesta: b) Artículo 42.1 Ley 3/2007. "Las políticas de empleo tendrán como uno de sus objetivos prioritarios aumentar la participación de las mujeres en el mercado de trabajo y avanzar en la igualdad efectiva entre mujeres y hombres."

141. Los Programas de inserción laboral activa comprenderán todos los niveles educativos y edad de las mujeres, incluyendo los de:

- a) Formación Profesional.
- b) Escuelas Taller.
- c) Casas de Oficios.
- d) Todas son correctas.

Respuesta: d) Artículo 42.2 Ley 3/2007. "Los Programas de inserción laboral activa comprenderán todos los niveles educativos y edad de las mujeres, incluyendo los de Formación Profesional, Escuelas Taller y Casas de Oficios."

142. Los Programas de inserción laboral activa comprenderán todos los niveles educativos y edad de las mujeres, incluyendo los de Formación Profesional, Escuelas Taller y Casas de Oficios

   a) Dirigidos a personas en con empleo activo.
   b) Se podrán destinar prioritariamente a colectivos específicos de hombres.
   c) Se podrán contemplar una determinada proporción de mujeres.
   d) Todas son correctas.

Respuesta: c) Artículo 42.2 Ley 3/2007. "Incluyendo los de Formación Profesional, Escuelas Taller y Casas de Oficios, dirigidos a personas en desempleo, se podrán destinar prioritariamente a colectivos específicos de mujeres o contemplar una determinada proporción de mujeres."

143. De acuerdo a lo establecido legalmente:

   a) Mediante la negociación individual se podrán establecer medidas de acción negativa para favorecer el acceso de las mujeres al empleo y la aplicación efectiva del principio de igualdad de trato y no discriminación en las condiciones de trabajo entre mujeres y hombres.
   b) Mediante la negociación colectiva se podrán establecer medidas de acción positiva para favorecer el acceso de las mujeres al empleo y la aplicación efectiva del principio de desigualdad de trato y discriminación en las condiciones de trabajo entre mujeres y hombres.
   c) Mediante la negociación colectiva se podrán establecer medidas de acción positiva para favorecer el acceso de las mujeres al empleo y la aplicación efectiva del principio de igualdad de trato y no discriminación en las condiciones de trabajo entre mujeres y hombres.
   d) Mediante la negociación individual se podrán establecer medidas de acción positiva para favorecer el acceso de las mujeres al empleo y la aplicación efectiva del principio de igualdad de trato y no discriminación en las condiciones de trabajo entre mujeres y hombres.

Respuesta: c) Artículo 43 Ley 3/2007. "De acuerdo con lo establecido legalmente, mediante la negociación colectiva se podrán establecer medidas de acción positiva para favorecer el acceso de las mujeres al empleo y la aplicación efectiva del principio de igualdad de trato y no discriminación en las condiciones de trabajo entre mujeres y hombres."

CAPÍTULO II IGUALDAD Y CONCILIACIÓN

144. Los derechos de conciliación de la vida personal, familiar y laboral se reconocerán a los trabajadores y las trabajadoras en forma que fomenten la _____ evitando toda discriminación basada en su ejercicio.

a) Asunción equilibrada de las responsabilidades familiares
b) Reducción de la jornada laboral de las mujeres.
c) Exclusión de responsabilidades familiares.
d) Promoción de hombres en puestos directivos.

Respuesta: a) Artículo 44.1 Ley 3/2007. "Los derechos de conciliación de la vida personal, familiar y laboral se reconocerán a los trabajadores y las trabajadoras en forma que fomenten la asunción equilibrada de las responsabilidades familiares, evitando toda discriminación basada en su ejercicio."

145. El permiso y la prestación por maternidad se concederán en los términos previstos en la:

a) Normativa laboral.
b) Seguridad Social.
c) Ley del Código Civil.
d) a) y b) son correctas.

Respuesta: d) Artículo 44.2 Ley 3/2007. "El permiso y la prestación por maternidad se concederán en los términos previstos en la normativa laboral y de Seguridad Social."

146. El permiso y la prestación por paternidad se concederán en los términos previstos en la:

a) Normativa laboral.
b) Seguridad Social.
c) Ley del Código Civil.
d) a) y b) son correctas.

Respuesta: d) Artículo 44.3 Ley 3/2007. "Para contribuir a un reparto más equilibrado de las responsabilidades familiares, se reconoce a los padres el derecho a un permiso y una prestación por paternidad, en los términos previstos en la normativa laboral y de Seguridad Social."

CAPÍTULO III LOS PLANES DE IGUALDAD DE LAS EMPRESAS Y OTRAS MEDIDAS DE PROMOCIÓN DE LA IGUALDAD

147. Las empresas:

a) Procurarán respetar la igualdad de trato y de oportunidades en el ámbito laboral.
b) Están obligadas a respetar la igualdad de trato y de oportunidades en el ámbito laboral.
c) No respetarán la igualdad de trato y de oportunidades en el ámbito laboral.

d) Podrán respetar la igualdad de trato y de oportunidades en el ámbito laboral.

Respuesta: b) Artículo 45.1 Ley 3/2007. "Las empresas están obligadas a respetar la igualdad de trato y de oportunidades en el ámbito laboral."

148. Las empresas están obligadas a respetar la igualdad de trato y de oportunidades en el ámbito laboral y, con esta finalidad, deberán adoptar medidas dirigidas a evitar cualquier tipo de discriminación laboral entre mujeres y hombres, medidas que deberán negociar, y en su caso acordar, con los _____ en la forma que se determine en la legislación laboral.

a) Delegados de Prevención.
b) Trabajadores.
c) Superiores jerárquicos.
d) Representantes legales.

Respuesta: d) Artículo 45.1 Ley 3/2007. "Con los representantes legales de los trabajadores en la forma que se determine en la legislación laboral."

149. En el caso de las empresas de _____, las medidas de igualdad a que se refiere el apartado anterior deberán dirigirse a la elaboración y aplicación de un plan de igualdad

a) Cincuenta trabajadores.
b) Cien trabajadores.
c) Cincuenta trabajadores o más.
d) Cien trabajadores o más.

Respuesta: c) Artículo 45.2 Ley 3/2007. "En el caso de las empresas de cincuenta o más trabajadores, las medidas de igualdad a que se refiere el apartado anterior deberán dirigirse a la elaboración y aplicación de un plan de igualdad."

150. En el caso de las empresas de cincuenta o más trabajadores las medidas de igualdad a que se refiere el apartado anterior deberán dirigirse a la elaboración y aplicación de un _____.

a) Informe de impacto de género.
b) Plan Estratégico de Igualdad de Oportunidades.
c) Plan de igualdad.
d) Distintivo para las empresas en materia de igualdad.

Respuesta: c) Artículo 45.2 Ley 3/2007. "En el caso de las empresas de cincuenta o más trabajadores, las medidas de igualdad a que se refiere el apartado anterior deberán dirigirse a la elaboración y aplicación de un plan de igualdad."

151. Las empresas deberán elaborar y aplicar un plan de igualdad:

  a) Cuando así se establezca en el convenio colectivo que sea aplicable, en los términos previstos en el mismo
  b) Cuando la autoridad laboral hubiera acordado en un procedimiento sancionador
  c) Cuando la empresa tenga 50 trabajadores o más.
  d) Todas son correctas.

Respuesta: d) Artículo 45.3 Ley 3/2007. " En el caso de las empresas de cincuenta o más trabajadores, las medidas de igualdad a que se refiere el apartado anterior deberán dirigirse a la elaboración y aplicación de un plan de igualdad. Sin perjuicio de lo dispuesto en el apartado anterior, las empresas deberán elaborar y aplicar un plan de igualdad cuando así se establezca en el convenio colectivo que sea aplicable, en los términos previstos en el mismo. Cuando la autoridad laboral hubiera acordado en un procedimiento sancionador la sustitución de las sanciones accesorias por la elaboración y aplicación de dicho plan, en los términos que se fijen en el indicado acuerdo."

152. ¿Será voluntaria la elaboración e implantación de planes de igualdad para las empresas que no estén obligadas a hacerlo?

  a) Seguirá siendo obligatoria, con el fin de fomentar la igualdad.
  b) Será voluntaria, previa consulta a la representación legal de los trabajadores y trabajadoras.
  c) Será voluntaria, previa consulta a los delegados de prevención.
  d) Seguirá siendo obligatoria, si la empresa cuenta con más de 25 trabajadores de carácter indefinido.

Respuesta: b) Artículo 45.5 Ley 3/2007. "La elaboración e implantación de planes de igualdad será voluntaria para las demás empresas, previa consulta a la representación legal de los trabajadores y trabajadoras."

153. ¿Cuál es el objetivo principal de los planes de igualdad?

  a) Aumentar la carga laboral de las mujeres.
  b) Promover la discriminación positiva hacia los hombres.
  c) Alcanzar en la empresa la igualdad de trato y de oportunidades entre mujeres y hombres y a eliminar la discriminación por razón de sexo.
  d) Aumentar formación y desarrollo profesional en los empleados.

Respuesta: c) Artículo 46.1 Ley 3/2007. "Los planes de igualdad de las empresas son un conjunto ordenado de medidas, adoptadas después de realizar un diagnóstico de situación, tendentes a alcanzar en la empresa la igualdad de trato y de oportunidades entre mujeres y hombres y a eliminar la discriminación por razón de sexo."

154. ¿Qué fijarán los planes de igualdad?

a) Los concretos objetivos de igualdad a alcanzar.
b) Las estrategias y prácticas a adoptar para su consecución.
c) El establecimiento de sistemas eficaces de seguimiento y evaluación de los objetivos fijados.
d) Todas son correctas.

Respuesta: d) Artículo 46.1 Ley 3/2007. "Los planes de igualdad fijarán los concretos objetivos de igualdad a alcanzar, las estrategias y prácticas a adoptar para su consecución, así como el establecimiento de sistemas eficaces de seguimiento y evaluación de los objetivos fijados."

155. ¿Qué contendrán los planes de igualdad?

a) Un conjunto de iniciativas aleatorias y no evaluables.
b) Un conjunto ordenado de medidas evaluables dirigidas a remover los obstáculos que impiden o dificultan la igualdad efectiva de mujeres y hombres.
c) Políticas que favorecen exclusivamente a los hombres.
d) Medidas temporales con seguimiento, pero sin evaluación.

Respuesta: b) Artículo 46.1 Ley 3/2007. "Los planes de igualdad de las empresas son un conjunto ordenado de medidas, adoptadas después de realizar un diagnóstico de situación, tendentes a alcanzar en la empresa la igualdad de trato y de oportunidades entre mujeres y hombres y a eliminar la discriminación por razón de sexo."

156. Señala la afirmación correcta:

a) Con carácter previo se elaborará un diagnóstico negociado, en su caso, con la representación legal de las personas trabajadoras
b) Con carácter posterior se elaborará un diagnóstico negociado, en su caso, con la representación legal de las personas trabajadoras
c) Con carácter previo se elaborará un diagnóstico negociado, en su caso, con los Delegados de Prevención.
d) Con carácter posterior se elaborará un diagnóstico negociado, en su caso, con los Delegados de Prevención.

Respuesta: a) Artículo 46.2 Ley 3/2007. "Con carácter previo se elaborará un diagnóstico negociado, en su caso, con la representación legal de las personas trabajadoras."

157. Con carácter previo se elaborará un diagnóstico negociado, en su caso, con la representación legal de las personas trabajadoras, que contendrá al menos las siguientes materias:

- a) Proceso de selección y contratación.
- b) Promoción profesional.
- c) Infrarrepresentación femenina.
- d) Todas son correctas.

Respuesta: d) Artículo 46.2 Ley 3/2007. "Proceso de selección y contratación. Promoción profesional. Infrarrepresentación femenina."

158. Con carácter previo se elaborará un diagnóstico negociado, en su caso, con la representación legal de las personas trabajadoras, que contendrá al menos las siguientes materias:

- a) Prevención del acoso sexual y por razón de sexo.
- b) Despido.
- c) Infrarrepresentación masculina.
- d) Todas son correctas.

Respuesta: a) Artículo 46.2 Ley 3/2007. "Prevención del acoso sexual y por razón de sexo."

159. La elaboración del diagnóstico se realizará en:

- a) El Seno de la Comisión Negociadora del Plan de Igualdad.
- b) En una reunión general de todos los empleados.
- c) En una consulta pública abierta a la comunidad.
- d) En una sesión privada de la Junta Directiva.

Respuesta: a) Artículo 46.2 Ley 3/2007. "La elaboración del diagnóstico se realizará en el seno de la Comisión Negociadora del Plan de Igualdad."

160. Los planes de igualdad:

- a) Incluirán sólo a los directivos de la empresa.
- b) Incluirán solo a las mujeres de la empresa.
- c) Incluirán solo a los trabajadores indefinidos de la empresa.
- d) Incluirán a la totalidad de la empresa.

Respuesta: d) Artículo 46.3 Ley 3/2007. "Los planes de igualdad incluirán la totalidad de una empresa."

161. Se crea un Registro de Planes de Igualdad de las Empresas, como parte de los Registros de convenios y acuerdos colectivos de trabajo dependientes de:

    a) El Ministerio de Igualdad.
    b) Las oficinas de las empresas individuales.
    c) La Dirección General de la Empresa.
    d) Dirección General de Trabajo del Ministerio de Trabajo, Migraciones y Seguridad Social y de las Autoridades Laborales de las Comunidades Autónomas.

Respuesta: d) Artículo 46.4 Ley 3/2007. "Se crea un Registro de Planes de Igualdad de las Empresas, como parte de los Registros de convenios y acuerdos colectivos de trabajo dependientes de la Dirección General de Trabajo del Ministerio de Trabajo, Migraciones y Seguridad Social y de las Autoridades Laborales de las Comunidades Autónomas."

162. Se crea un Registro de Planes de Igualdad de las Empresas, como parte de los Registros de convenios y acuerdos colectivos de trabajo dependientes de:

    a) Dirección General de Trabajo del Ministerio de Trabajo
    b) Migraciones y Seguridad Social.
    c) Las Autoridades Laborales de las Comunidades Autónomas.
    d) Todas son correctas.

Respuesta: d) Artículo 46.4 Ley 3/2007. "Se crea un Registro de Planes de Igualdad de las Empresas, como parte de los Registros de convenios y acuerdos colectivos de trabajo dependientes de la Dirección General de Trabajo del Ministerio de Trabajo, Migraciones y Seguridad Social y de las Autoridades Laborales de las Comunidades Autónomas."

163. Selecciona la afirmación correcta:

    a) Las empresas están obligadas a inscribir sus planes de igualdad en el Registro de Planes de Igualdad de las Empresas.
    b) Las empresas están obligadas a no inscribir sus planes de igualdad en el Registro de Planes de Igualdad de las Empresas.
    c) Las empresas podrán inscribir sus planes de igualdad en el Registro de Planes de Igualdad de las Empresas.
    d) Las empresas no podrán inscribir sus planes de igualdad en el Registro de Planes de Igualdad de las Empresas.

Respuesta: a) Artículo 46.5 Ley 3/2007. "Las empresas están obligadas a inscribir sus planes de igualdad en el citado registro."

164. ¿Cómo se desarrollará el diagnóstico, los contenidos, las materias, las auditorías salariales, los sistemas de seguimiento y evaluación de los planes de igualdad; así como el Registro de Planes de Igualdad, ¿en lo relativo a su constitución, características y condiciones para la inscripción y acceso?

- a) Legalmente.
- b) Reglamentariamente.
- c) Arbitrariamente.
- d) Mediante acuerdos individuales en la empresa.

Respuesta: b) Artículo 46.5 Ley 3/2007. "Reglamentariamente se desarrollará el diagnóstico, los contenidos, las materias, las auditorías salariales, los sistemas de seguimiento y evaluación de los planes de igualdad; así como el Registro de Planes de Igualdad, en lo relativo a su constitución, características y condiciones para la inscripción y acceso."

165. Reglamentariamente se desarrollará de los Planes de Igualdad:

- a) Diagnóstico y evaluación.
- b) Contenidos y materias.
- c) Auditorías salariales y sistemas de seguimiento.
- d) Todas son correctas.

Respuesta: d) Artículo 46.5 Ley 3/2007. "Reglamentariamente se desarrollará el diagnóstico, los contenidos, las materias, las auditorías salariales, los sistemas de seguimiento y evaluación de los planes de igualdad; así como el Registro de Planes de Igualdad, en lo relativo a su constitución, características y condiciones para la inscripción y acceso."

166. ¿A quién se garantiza la información sobre el contenido de los Planes de igualdad y la consecución de sus objetivos?

- a) A la representación legal de los trabajadores y trabajadoras.
- b) En defecto de la representación legal, a los propios trabajadores.
- c) A las personas externas a la empresa.
- d) a) y b) son correctas.

Respuesta: d) Artículo 47 Ley 3/2007. "Se garantiza el acceso de la representación legal de los trabajadores y trabajadoras o, en su defecto, de los propios trabajadores y trabajadoras, a la información sobre el contenido de los Planes de igualdad y la consecución de sus objetivos."

167. Lo previsto en cuanto al acceso sobre el contenido de Planes de Igualdad y la consecución de sus objetivos se entenderá sin perjuicio del seguimiento de la evolución de los acuerdos sobre planes de igualdad por parte:

a) El Ministerio de Trabajo y Asuntos Sociales.
b) Las empresas individuales.
c) Las comisiones paritarias de los convenios colectivos a las que estos atribuyan estas competencias.
d) El Registro de Planes de Igualdad.

Respuesta: c) Artículo 47 Ley 3/2007. "Lo previsto en el párrafo anterior se entenderá sin perjuicio del seguimiento de la evolución de los acuerdos sobre planes de igualdad por parte de las comisiones paritarias de los convenios colectivos a las que éstos atribuyan estas competencias."

168. Según el artículo 48 de la Ley 3/2007, ¿Qué deben promover las empresas?

a) Condiciones laborales que fomenten el acoso sexual y el acoso por razón de sexo.
b) Condiciones de trabajo que eviten la comisión de delitos y otras conductas contra la libertad sexual y la integridad moral en el trabajo, incendio especialmente en el acoso sexual y el acoso por razón de sexo, incluidos los cometidos en el ámbito digital.
c) Condiciones de trabajo que ignoren por completo el acoso laboral.
d) Condiciones laborales que prioricen la discriminación de género.

Respuesta: b) Artículo 48.1 Ley 3/2007. "Las empresas deberán promover condiciones de trabajo que eviten la comisión de delitos y otras conductas contra la libertad sexual y la integridad moral en el trabajo, incidiendo especialmente en el acoso sexual y el acoso por razón de sexo, incluidos los cometidos en el ámbito digital."

169. Los representantes de los trabajadores deberán contribuir a prevenir la comisión de delitos y otras conductas contra la libertad sexual y la integridad moral en el trabajo, con especial atención al acoso sexual y el acoso por razón de sexo, incluidos los cometidos en el ámbito digital, mediante:

a) La sensibilización de los trabajadores y trabajadoras frente al mismo y la información a la dirección de la empresa de las conductas o comportamientos de que tuvieran conocimiento y que pudieran propiciarlo.
b) Negociando con la dirección de la empresa.
c) Ignorando por completo las conductas de acoso.
d) La realización de investigaciones privadas.

Respuesta: a) Artículo 48.2 Ley 3/2007. "Los representantes de los trabajadores deberán contribuir a prevenir la comisión de delitos y otras conductas contra la libertad sexual y la integridad moral en el trabajo, con especial atención al acoso sexual y el acoso por razón de sexo, incluidos los cometidos en el ámbito digital, mediante la sensibilización de los trabajadores y trabajadoras frente al mismo y la información a la dirección de la empresa de las conductas o comportamientos de que tuvieran conocimiento y que pudieran propiciarlo."

170. ¿Cuál es la afirmación correcta?

a) Para impulsar la adopción voluntaria de planes de igualdad, el Gobierno establecerá medidas de fomento, especialmente dirigidas a las pequeñas y las medianas empresas, que incluirán el apoyo técnico necesario.
b) Para impulsar la adopción obligatoria de planes de igualdad, el Ministerio de Trabajo y Asuntos sociales establecerá medidas de fomento, especialmente dirigidas a las grandes empresas, que incluirán el apoyo técnico necesario.
c) Para impulsar la adopción voluntaria de planes de igualdad, el Ministerio de Trabajo y Asuntos sociales establecerá medidas de fomento, especialmente dirigidas a las pequeñas y medianas empresas, que incluirán el apoyo técnico necesario.
d) Para impulsar la adopción voluntaria de planes de igualdad, el Gobierno establecerá medidas de fomento, especialmente dirigidas a las medianas y grandes empresas, que incluirán el apoyo técnico necesario.

Respuesta: a) Artículo 49 Ley 3/2007. "Para impulsar la adopción voluntaria de planes de igualdad, el Gobierno establecerá medidas de fomento, especialmente dirigidas a las pequeñas y las medianas empresas, que incluirán el apoyo técnico necesario."

CAPÍTULO IV DISTINTIVO EMPRESARIAL EN MATERIA DE IGUALDAD

171. ¿Quién creará un distintivo para reconocer a aquellas empresas que destaquen por la aplicación de políticas de igualdad de trato y de oportunidades con sus trabajadores y trabajadoras?

a) El Ministerio de Fomento.
b) El Gobierno.
c) El Instituto de la Mujer.
d) El Ministerio de Trabajo y Asuntos Sociales.

Respuesta: d) Artículo 49 Ley 3/2007. "El Ministerio de Trabajo y Asuntos Sociales creará un distintivo para reconocer a aquellas empresas que destaquen por la aplicación de políticas de igualdad de trato y de oportunidades con sus trabajadores y trabajadoras."

172. El Ministerio de Trabajo y Asuntos Sociales creará un distintivo para reconocer a aquellas empresas que destaquen por la aplicación de políticas de igualdad de trato y de oportunidades con sus trabajadores y trabajadoras, que:

a) No podrá ser utilizado en el tráfico comercial de la empresa.

    b) Podrá ser utilizado en el tráfico comercial de la empresa, salvo con fines publicitarios.
    c) No podrá ser utilizado en el tráfico comercial de la empresa ni con fines publicitarios.
    d) Podrá ser utilizado en el tráfico comercial de la empresa y con fines publicitarios.

Respuesta: d) Artículo 50.1 Ley 3/2007. "Que podrá ser utilizado en el tráfico comercial de la empresa y con fines publicitarios."

173. ¿Qué empresa puede obtener el distintivo en materia para la igualdad?
    a) Empresas de capital privado.
    b) Empresas de capital público.
    c) Empresas de capital público, pero no privado.
    d) Empresas de capital público o privado.

Respuesta: d) Artículo 50.2 Ley 3/2007. "Con el fin de obtener este distintivo, cualquier empresa, sea de capital público o privado, podrá presentar al Ministerio de Trabajo y Asuntos Sociales un balance sobre los parámetros de igualdad implantados respecto de las relaciones de trabajo y la publicidad de los productos y servicios prestados."

174. ¿A quién hay que presentarle un balance sobre los parámetros de igualdad implantados para obtener el distintivo en materia para la igualdad?
    a) Al Ministerio de Trabajo y Asuntos sociales.
    b) Al Instituto de la Mujer.
    c) Al Gobierno.
    d) A los representantes legales de la empresa.

Respuesta: a) Artículo 50.2 Ley 3/2007. "Podrá presentar al Ministerio de Trabajo y Asuntos Sociales un balance sobre los parámetros de igualdad implantados."

175. Con el fin de obtener este distintivo, cualquier empresa, sea de capital público o privado, podrá presentar al Ministerio de Trabajo y Asuntos Sociales:
    a) Un balance anual de ingresos.
    b) Una lista de empleados con sus salarios, diferenciados por su sexo.
    c) Un balance sobre los parámetros de igualdad implantados respecto de las relaciones de trabajo y la publicidad de los productos y servicios prestados.
    d) Una solicitud simple.

Respuesta: a) Artículo 50.2 Ley 3/2007. "Respecto de las relaciones de trabajo y la publicidad de los productos y servicios prestados."

176. ¿Cómo se determinarán la denominación de este distintivo, el procedimiento y las condiciones para su concesión, las facultades derivadas de su obtención y las condiciones de difusión institucional de las empresas que lo obtengan y de las políticas de igualdad aplicadas por ellas?

- a) Arbitrariamente.
- b) Reglamentariamente.
- c) Legalmente.
- d) Reglamentariamente o legalmente.

Respuesta: b) Artículo 50.3 Ley 3/2007. "Reglamentariamente, se determinarán la denominación de este distintivo, el procedimiento y las condiciones para su concesión, las facultades derivadas de su obtención y las condiciones de difusión institucional de las empresas que lo obtengan y de las políticas de igualdad aplicadas por ellas."

177. Para la concesión del distintivo en materia para la igualdad se tendrán en cuenta, entre otros criterios:

- a) La presencia equilibrada de mujeres y hombres en los órganos de dirección y en los distintos grupos y categorías profesionales de la empresa
- b) La adopción de planes de igualdad u otras medidas innovadoras de fomento de la igualdad
- c) La publicidad no sexista de los productos o servicios de la empresa.
- d) Todas son correctas.

Respuesta: d) Artículo 50.4 Ley 3/2007. "Para la concesión de este distintivo se tendrán en cuenta, entre otros criterios, la presencia equilibrada de mujeres y hombres en los órganos de dirección y en los distintos grupos y categorías profesionales de la empresa, la adopción de planes de igualdad u otras medidas innovadoras de fomento de la igualdad, así como la publicidad no sexista de los productos o servicios de la empresa."

178. ¿Quién controlará que las empresas que obtengan el distintivo mantengan permanentemente la aplicación de políticas de igualdad de trato y de oportunidades con sus trabajadores y trabajadoras?

- a) El Instituto de la Mujer.
- b) El Ministerio de Hacienda y Administraciones Públicas.
- c) El Ministerio de Trabajo y Asuntos sociales.
- d) El Consejo de Ministros.

Respuesta: c) Artículo 50.5 Ley 3/2007. "El Ministerio de Trabajo y Asuntos Sociales controlará que las empresas que obtengan el distintivo mantengan permanentemente la aplicación de políticas de igualdad de trato y de oportunidades con sus trabajadores y trabajadoras."

179. En caso de que las empresas con distintivo incumplan las políticas de igualdad de trato y de oportunidades con sus trabajadores y trabajadoras:

- a) Se les denunciará.
- b) Se considerará una infracción grave.
- c) Se les retirará el distintivo.
- d) No podrán participar en contratos del sector público.

Respuesta: c) Artículo 50.5 Ley 3/2007. "Y, en caso de incumplirlas, les retirará el distintivo."

TÍTULO V EL PRINCIPIO DE IGUALDAD EN EL EMPLEO PÚBLICO

CAPÍTULO I CRITERIOS DE ACTUACIÓN DE LAS ADMINISTRACIONES PÚBLICAS

180. Las Administraciones públicas, en el ámbito de sus respectivas competencias y en aplicación del principio de igualdad entre mujeres y hombres, deberán:

- a) Promover los obstáculos que impliquen la pervivencia de cualquier tipo de discriminación con el fin de ofrecer condiciones de igualdad efectiva entre mujeres y hombres en el acceso al empleo público y en el desarrollo de la carrera profesional.
- b) Establecer medidas efectivas a favor del acoso sexual y del acoso por razón de sexo.
- c) Evaluar periódicamente la efectividad del principio de igualdad en sus respectivos ámbitos de actuación.
- d) Establecer medidas efectivas para eliminar cualquier discriminación retributiva, directa o indirecta, por razón de sexo.

Respuesta: c) Artículo 51 Ley 3/2007. "Evaluar periódicamente la efectividad del principio de igualdad en sus respectivos ámbitos de actuación."

CAPÍTULO II EL PRINCIPIO DE PRESENCIA EQUILIBRADA EN LA ADMINISTRACIÓN GENERAL DEL ESTADO Y EN LOS ORGANISMOS PÚBLICOS VINCULADOS O DEPENDIENTES DE ELLA

181. Selecciona la opción correcta:

a) El Gobierno atenderá al principio de presencia equilibrada de mujeres y hombres en el nombramiento de las personas titulares de los órganos directivos de la Administración General de las empresas privadas.

b) El Ministerio de Trabajo y Asuntos Sociales atenderá al principio de presencia equilibrada de mujeres y hombres en el nombramiento de las personas titulares de los órganos directivos de las empresas privadas.

c) El Gobierno atenderá al principio de presencia equilibrada de mujeres y hombres en el nombramiento de las personas titulares de los órganos directivos de la Administración General del Estado y de los organismos públicos.

d) El Ministerio de Trabajo y Asuntos Sociales atenderá al principio de presencia equilibrada de mujeres y hombres en el nombramiento de las personas titulares de la Administración General del Estado y de los organismos públicos.

Respuesta: c) Artículo 52 Ley 3/2007. "El Gobierno atenderá al principio de presencia equilibrada de mujeres y hombres en el nombramiento de las personas titulares de los órganos directivos de la Administración General del Estado y de los organismos públicos vinculados o dependientes de ella, considerados en su conjunto, cuya designación le corresponda."

182. Según el artículo 53 de la Ley 3/2007, ¿quiénes responderán al principio de presencia equilibrada de mujeres y hombres?

a) Todos los tribunales del personal de la Administración General del Estado.
b) Todos los órganos de selección de la Administración General del Estado.
c) Todos los órganos de selección del personal de los organismos públicos vinculados o dependientes de ella.
d) Todas son correctas.

Respuesta: d) Artículo 53 Ley 3/2007. "Todos los tribunales y órganos de selección del personal de la Administración General del Estado y de los organismos públicos vinculados o dependientes de ella responderán al principio de presencia equilibrada de mujeres y hombres, salvo por razones fundadas y objetivas, debidamente motivadas."

183. ¿A qué principio se ajustará la representación de la Administración General del Estado y de los organismos públicos vinculados o dependientes de ella en las comisiones de valoración de méritos para la provisión de puestos de trabajo?

a) Al principio de antigüedad.
b) Al principio de composición equilibrada de ambos sexos.
c) Al principio de meritocracia.
d) Al principio de rotación.

Respuesta: b) Artículo 53 Ley 3/2007. "Asimismo, la representación de la Administración General del Estado y de los organismos públicos vinculados o dependientes de ella en las comisiones de valoración de méritos para la provisión de puestos de trabajo se ajustará al principio de composición equilibrada de ambos sexos."

184. ¿Cómo designarán la Administración General del Estado y los organismos públicos vinculados o dependientes de ella a sus representantes en órganos colegiados, comités de personas expertas o comités consultivos, nacionales o internacionales?

a) Según el principio de antigüedad.
b) Según el principio de méritos y capacidad.
c) De acuerdo con el principio de presencia equilibrada de mujeres y hombres.
d) De acuerdo con el principio de presencia desequilibrada de mujeres y hombres.

Respuesta: c) Artículo 54 Ley 3/2007. "La Administración General del Estado y los organismos públicos vinculados o dependientes de ella designarán a sus representantes en órganos colegiados, comités de personas expertas o comités consultivos, nacionales o internacionales, de acuerdo con el principio de presencia equilibrada de mujeres y hombres."

185. ¿En qué ámbito aplicará la Administración General del Estado y los organismos públicos vinculados o dependientes de ella el principio de presencia equilibrada de mujeres y hombres?

a) En la contratación de personal administrativo.
b) En los nombramientos del consejo de administración de las empresas en cuyo capital participe.
c) En la asignación de becas y subvenciones.
d) En la distribución de recursos financieros.

Respuesta: b) Artículo 54 Ley 3/2007. "Asimismo, la Administración General del Estado y los organismos públicos vinculados o dependientes de ella observarán el principio de presencia equilibrada en los nombramientos que le corresponda efectuar en los consejos de administración de las empresas en cuyo capital participe."

CAPÍTULO III MEDIDAS DE IGUALDAD EN EL EMPLEO PARA LA ADMINISTRACIÓN GENERAL DEL ESTADO Y PARA LOS

ORGANISMOS PÚBLICOS VINCULADOS O DEPENDIENTES DE ELLA

186. ¿Qué deberá acompañar la aprobación de convocatorias de pruebas selectivas para el acceso al empleo público?

- a) Un plan de igualdad.
- b) Un informe de impacto de género.
- c) Un análisis de costes.
- d) Todas son correctas.

Respuesta: b) Artículo 55 Ley 3/2007. "La aprobación de convocatorias de pruebas selectivas para el acceso al empleo público deberá acompañarse de un informe de impacto de género, salvo en casos de urgencia y siempre sin perjuicio de la prohibición de discriminación por razón de sexo."

187. ¿En qué circunstancias no se requerirá un informe de impacto de género para la aprobación de convocatorias de pruebas selectivas para el acceso al empleo público?

- a) En casos de urgencia.
- b) En situaciones de recorte presupuestario.
- c) Cuando las convocatorias tengan menos de 20 vacantes.
- d) En convocatorias internas.

Respuesta: a) Artículo 55 Ley 3/2007. "La aprobación de convocatorias de pruebas selectivas para el acceso al empleo público deberá acompañarse de un informe de impacto de género, salvo en casos de urgencia y siempre sin perjuicio de la prohibición de discriminación por razón de sexo."

188. ¿Qué aspectos establecerá la normativa aplicable al personal al servicio de la Administración Pública para proteger la maternidad y facilitar la conciliación de la vida personal, familiar y laboral?

- a) Eclusivamente permisos de maternidad.
- b) Un régimen de excedencias, reducciones de jornada, permisos u otros beneficios.
- c) Solo mejoras salariales.
- d) Un régimen de jubilación anticipada.

Respuesta: b) Artículo 56 Ley 3/2007. "Sin perjuicio de las mejoras que pudieran derivarse de acuerdos suscritos entre la Administración General del Estado o los organismos públicos vinculados o dependientes de ella con los representantes del personal al servicio de la Administración Pública, la normativa aplicable a los mismos establecerá un régimen de

excedencias, reducciones de jornada, permisos u otros beneficios con el fin de proteger la maternidad y facilitar la conciliación de la vida personal, familiar y laboral."

189. ¿Qué permiso se reconocerá, además de las medidas para proteger la maternidad, para facilitar la conciliación de la vida personal, familiar y laboral según la normativa aplicable?

- a) Un permiso de formación profesional.
- b) Un permiso de traslado.
- c) Un permiso de paternidad.
- d) Un permiso de vacaciones adicionales.

Respuesta: c) Artículo 56 Ley 3/2007. "Con la misma finalidad se reconocerá un permiso de paternidad, en los términos que disponga dicha normativa."

190. ¿Qué se computará en las bases de los concursos para la provisión de puestos de trabajo a efectos de valoración del trabajo desarrollado y de los correspondientes méritos?

- a) El tiempo que las personas candidatas hayan permanecido en las situaciones de excedencias con el fin de facilitar la conciliación familiar.
- b) El tiempo que las personas candidatas hayan permanecido en las situaciones de maternidad.
- c) El tiempo que las personas candidatas hayan permanecido en las situaciones de reducción de jornada con el fin de facilitar la conciliación familiar.
- d) Todas las anteriores.

Respuesta: d) Artículo 57 Ley 3/2007. "En las bases de los concursos para la provisión de puestos de trabajo se computará, a los efectos de valoración del trabajo desarrollado y de los correspondientes méritos, el tiempo que las personas candidatas hayan permanecido en las situaciones a que se refiere el artículo anterior."

191. ¿Para qué se computará el tiempo que las personas candidatas para el empleo público hayan permanecido en las situaciones de maternidad, excedencias o regímenes de jornada?

- a) Para determinar la elegibilidad para el concurso.
- b) A efectos de valoración del trabajo desarrollado y de los correspondientes méritos.
- c) Para establecer el salario inicial.
- d) Para otorgar becas de formación.

Respuesta: b) Artículo 57 Ley 3/2007. "En las bases de los concursos para la provisión de puestos de trabajo se computará, a los efectos de valoración del trabajo desarrollado y de los correspondientes méritos, el tiempo que las personas candidatas hayan permanecido en las situaciones a que se refiere el artículo anterior."

192. Cuando las condiciones del puesto de trabajo de una funcionaria embarazada incluida en el ámbito de aplicación del mutualismo administrativo pudieran influir negativamente en la salud de la mujer, del hijo e hija, podrá concederse _____, en los mismos términos y condiciones previstas en la normativa aplicable.

- a) Licencia por maternidad.
- b) Licencia por paternidad.
- c) Licencia por riesgo durante el embarazo.
- d) Licencia por enfermedad profesional.

Respuesta: c) Artículo 58 Ley 3/2007. "Cuando las condiciones del puesto de trabajo de una funcionaria incluida en el ámbito de aplicación del mutualismo administrativo pudieran influir negativamente en la salud de la mujer, del hijo e hija, podrá concederse licencia por riesgo durante el embarazo, en los mismos términos y condiciones previstas en la normativa aplicable."

193. Durante la licencia por riesgo durante el embarazo, ¿qué se garantizará a la funcionaria en términos de derechos económicos?

- a) Reducción salarial.
- b) Plenitud de los derechos económicos.
- c) Suspensión total de los derechos económicos.
- d) Derechos económicos limitados.

Respuesta: b) Artículo 58 Ley 3/2007. "En estos casos, se garantizará la plenitud de los derechos económicos de la funcionaria durante toda la duración de la licencia, de acuerdo con lo establecido en la legislación específica."

194. ¿Cuándo se aplicará el principio de garantizar la plenitud de los derechos económicos de la funcionaria según el artículo 58 de la Ley 3/2007?

- a) Solo durante la licencia por riesgo durante el embarazo.
- b) Solo durante el período de lactancia natural.
- c) Durante toda la duración de la licencia y el período de lactancia natural.
- d) Solo en casos excepcionales.

Respuesta: c) Artículo 58 Ley 3/2007. "Lo dispuesto en el párrafo anterior será también de aplicación durante el período de lactancia natural."

195. ¿Qué derecho tendrán las empleadas públicas cuando el periodo de vacaciones coincida con una incapacidad temporal derivada del embarazo, parto o lactancia natural, o con el permiso de maternidad, o con su ampliación por lactancia?

    a) Derecho a una reducción salarial en sus vacaciones.
    b) Derecho a un aumento salarial en sus vacaciones.
    c) Derecho a disfrutar las vacaciones en fecha distinta.
    d) Derecho a disfrutar el doble de vacaciones.

Respuesta: c) Artículo 59 Ley 3/2007. "Cuando el periodo de vacaciones coincida con una incapacidad temporal derivada del embarazo, parto o lactancia natural, o con el permiso de maternidad, o con su ampliación por lactancia, la empleada pública tendrá derecho a disfrutar las vacaciones en fecha distinta."

196. Cuando el periodo de vacaciones coincida con una incapacidad temporal derivada del embarazo, parto o lactancia natural, o con el permiso de maternidad, o con su ampliación por lactancia, la empleada pública tendrá derecho a disfrutar las vacaciones en fecha distinta:

    a) Siempre que no haya terminado el año natural al que correspondan.
    b) Aunque haya terminado el año natural al que correspondan.
    c) Siempre que la incapacidad temporal sea de larga duración.
    d) Siempre que la empleada no haya agotado todos los permisos adicionales.

Respuesta: b) Artículo 59 Ley 3/2007. "La empleada pública tendrá derecho a disfrutar las vacaciones en fecha distinta, aunque haya terminado el año natural al que correspondan."

197. Cuando el periodo de vacaciones coincida con una incapacidad temporal derivada del embarazo, parto o lactancia natural, o con el permiso de maternidad, o con su ampliación por lactancia, la empleada pública tendrá derecho a disfrutar las vacaciones en fecha distinta, aunque haya terminado el año natural al que correspondan, aunque no haya terminado el año natural al que correspondan.

    a) Gozarán de este permiso quienes estén disfrutando de un permiso de paternidad.
    b) Gozarán de este permiso quienes estén disfrutando de una jubilación.
    c) Gozarán de este permiso quienes estén en una situación de excedencia.
    d) Todas son correctas.

Respuesta: b) Artículo 59 Ley 3/2007. "Gozarán de este mismo derecho quienes estén disfrutando de permiso de paternidad."

198. Con el objeto de actualizar los conocimientos de los empleados y empleadas públicas, se otorgará preferencia, durante _____, en la adjudicación de plazas para participar en los

cursos de formación a quienes se hayan incorporado al servicio activo procedentes del permiso de maternidad o paternidad, o hayan reingresado desde la situación de excedencia por razones de guarda legal y atención a personas mayores dependientes o personas con discapacidad.

- a) Dos años.
- b) Seis meses.
- c) Un mes.
- d) Un año.

Respuesta: d) Artículo 59 Ley 3/2007. "Durante un año."

199. Con el objeto de actualizar los conocimientos de los empleados y empleadas públicas en la adjudicación de plazas para participar en los cursos de formación, ¿a quiénes se le otorgará preferencia durante un año?

- a) Se hayan incorporado al servicio activo procedentes del permiso de maternidad o paternidad,
- b) Hayan reingresado desde la situación de excedencia por razones de guarda legal
- c) Hayan reingresado desde la situación de excedencia por atención a personas mayores dependientes o personas con discapacidad.
- d) Todas son correctas.

Respuesta: d) Artículo 60.1 Ley 3/2007. "Con el objeto de actualizar los conocimientos de los empleados y empleadas públicas, se otorgará preferencia, durante un año, en la adjudicación de plazas para participar en los cursos de formación a quienes se hayan incorporado al servicio activo procedentes del permiso de maternidad o paternidad, o hayan reingresado desde la situación de excedencia por razones de guarda legal y atención a personas mayores dependientes o personas con discapacidad."

200. ¿Cuál es el objetivo principal de la reserva de un porcentaje de las plazas en los cursos de formación para las empleadas públicas en la Administración General del Estado y organismos públicos vinculados o dependientes de ella?

- a) Aumentar la carga de trabajo de las empleadas públicas.
- b) Fomentar la discriminación de género en la selección de personal.
- c) Facilitar la promoción profesional y el acceso a puestos directivos de las empleadas públicas.
- d) Reducir el número de empleadas públicas en la Administración.

Respuesta: c) Artículo 60.2 Ley 3/2007. "Con el fin de facilitar la promoción profesional de las empleadas públicas y su acceso a puestos directivos en la Administración General del Estado y en los organismos públicos vinculados o dependientes de ella."

201. Con el fin de facilitar la promoción profesional de las empleadas públicas y su acceso a puestos directivos en la Administración General del Estado y en los organismos públicos vinculados o dependientes de ella, en las convocatorias de los correspondientes cursos de formación se reservará al menos un _____ de las plazas para su adjudicación a aquéllas que reúnan los requisitos establecidos.

a) 20 %.
b) 60 %.
c) 20 %.
d) 40 %.

Respuesta: d) Artículo 60.2 Ley 3/2007. "Se reservará al menos un 40% de las plazas para su adjudicación a aquéllas que reúnan los requisitos establecidos."

202. ¿Qué principio se contemplará en todas las pruebas de acceso al empleo público de la Administración General del Estado y de los organismos públicos vinculados o dependientes de ella?

a) Principio de igualdad entre hombres y mujeres.
a) Principio de proporcionalidad.
b) Principio de transparencia.
c) Principio de eficiencia administrativa.

Respuesta: a) Artículo 61.1 Ley 3/2007. "Todas las pruebas de acceso al empleo público de la Administración General del Estado y de los organismos públicos vinculados o dependientes de ella contemplarán el estudio y la aplicación del principio de igualdad entre mujeres y hombres en los diversos ámbitos de la función pública."

203. ¿En qué ámbitos se aplicará el principio de igualdad entre mujeres y hombres según las pruebas de acceso al empleo público de la Administración General del Estado y los organismos públicos vinculados o dependientes de ella?

a) En los diversos ámbitos de la función pública.
b) Exclusivamente en el ámbito administrativo.
c) Solo en el ámbito educativo.
d) En el ámbito tecnológico.

Respuesta: a) Artículo 61.1 Ley 3/2007. "La aplicación del principio de igualdad entre mujeres y hombres en los diversos ámbitos de la función pública."

204. ¿A quiénes están dirigidos los cursos de formación sobre igualdad de trato y oportunidades entre mujeres y hombres y sobre prevención de la violencia de género

impartidos por la Administración General del Estado y los organismos públicos vinculados o dependientes de ella?

- a) Exclusivamente al personal directivo.
- b) Solo al personal administrativo.
- c) A todo su personal.
- d) Solo al personal de nuevo ingreso.

Respuesta: c) Artículo 61.1 Ley 3/2007. "La Administración General del Estado y los organismos públicos vinculados o dependientes de ella impartirán cursos de formación sobre la igualdad de trato y oportunidades entre mujeres y hombres y sobre prevención de la violencia de género, que se dirigirán a todo su personal."

205. Para la prevención del acoso sexual y del acoso por razón de sexo, las Administraciones públicas negociarán con la representación legal de las trabajadoras y trabajadores, un protocolo de actuación que comprenderá, al menos, los siguientes principios:

- a) El compromiso de la Administración General del Estado y de los organismos públicos vinculados o dependientes de ella de prevenir y no tolerar el acoso sexual y el acoso por razón de sexo.
- b) El tratamiento reservado de las denuncias de hechos que pudieran ser constitutivos de acoso sexual o de acoso por razón de sexo, sin perjuicio de lo establecido en la normativa de régimen disciplinario.
- c) La identificación de las personas responsables de atender a quienes formulen una queja o denuncia.
- d) Todas son correctas.

Respuesta: d) Artículo 62 Ley 3/2007. "El compromiso de la Administración General del Estado y de los organismos públicos vinculados o dependientes de ella de prevenir y no tolerar el acoso sexual y el acoso por razón de sexo. El tratamiento reservado de las denuncias de hechos que pudieran ser constitutivos de acoso sexual o de acoso por razón de sexo, sin perjuicio de lo establecido en la normativa de régimen disciplinario. La identificación de las personas responsables de atender a quienes formulen una queja o denuncia."

206. ¿Con qué frecuencia deberán remitir al menos los Departamentos Ministeriales y Organismos Públicos información relativa a la aplicación efectiva del principio de igualdad entre hombres y mujeres?

- a) Semestralmente.
- b) Mensualmente.
- c) Anualmente.
- d) Semanalmente.

Respuesta: c) Artículo 63 Ley 3/2007. "Todos los Departamentos Ministeriales y Organismos Públicos remitirán, al menos anualmente, a los Ministerios de Trabajo y Asuntos Sociales y de Administraciones Públicas, información relativa a la aplicación efectiva en cada uno de ellos del principio de igualdad entre mujeres y hombres."

207. ¿A quién deberán remitir los Departamentos Ministeriales y Organismos Públicos información relativa a la aplicación efectiva del principio de igualdad entre hombres y mujeres?

- a) A los Ministerios de Trabajo y Asuntos Sociales.
- b) A los Ministerios de Administraciones Públicas.
- c) A los Ministerios de Economía y Hacienda.
- d) a) y b) son correctas.

Respuesta: d) Artículo 63 Ley 3/2007. "Todos los Departamentos Ministeriales y Organismos Públicos remitirán, al menos anualmente, a los Ministerios de Trabajo y Asuntos Sociales y de Administraciones Públicas, información relativa a la aplicación efectiva en cada uno de ellos del principio de igualdad entre mujeres y hombres."

208. ¿Qué información específica deben incluir los Departamentos Ministeriales y Organismos Públicos en la remisión anual sobre la aplicación del principio de igualdad?

- a) Distribución de la plantilla, nivel de formación, complementos de destino y antigüedad del personal.
- b) Distribución de la plantilla, grupo de titulación, nivel de complemento de destino y retribuciones promediadas del personal.
- c) Distribución de la plantilla, nivel de formación, antigüedad y retribuciones promediadas del personal.
- d) Distribución de la plantilla, grupo de titulación, antigüedad y retribuciones promediadas del personal.

Respuesta: b) Artículo 63 Ley 3/2007. "Con especificación, mediante la desagregación por sexo de los datos, de la distribución de su plantilla, grupo de titulación, nivel de complemento de destino y retribuciones promediadas de su personal."

209. ¿Quién aprobará un Plan para la Igualdad entre mujeres y hombres en la Administración General del Estado y en los organismos públicos vinculados o dependientes de ella?

- a) Los Ayuntamientos.
- b) El Gobierno.
- c) El Consejo de Ministros.
- d) El Senado.

Respuesta: b) Artículo 64 Ley 3/2007. "El Gobierno aprobará, al inicio de cada legislatura, un Plan para la Igualdad entre mujeres y hombres en la Administración General del Estado y en los organismos públicos vinculados o dependientes de ella."

210. ¿Con qué periodicidad aprobará el Gobierno un Plan para la Igualdad entre mujeres y hombres en la Administración General del Estado y en los organismos públicos vinculados o dependientes de ella?

- a) Anualmente.
- b) Al inicio de cada legislatura.
- c) Al final de cada legislatura.
- d) Semestralmente.

Respuesta: b) Artículo 64 Ley 3/2007. "El Gobierno aprobará, al inicio de cada legislatura, un Plan para la Igualdad entre mujeres y hombres en la Administración General del Estado y en los organismos públicos vinculados o dependientes de ella."

211. ¿Qué establecerá el Plan en materia de para la Igualdad entre mujeres y hombres en la Administración General del Estado y en los organismos públicos vinculados o dependientes de ella?

- a) Los presupuestos necesarios para la implementación.
- b) Los objetivos a alcanzar y las estrategias o medidas a adoptar en materia de promoción de igualdad.
- c) Los plazos de contratación.
- d) Las sanciones por incumplimiento.

Respuesta: b) Artículo 64 Ley 3/2007. "El Plan establecerá los objetivos a alcanzar en materia de promoción de la igualdad de trato y oportunidades en el empleo público, así como las estrategias o medidas a adoptar para su consecución."

212. El Plan en materia de para la Igualdad entre mujeres y hombres será objeto de negociación y, en su caso, acuerdo con:

- a) Los sindicatos generales.
- b) La representación legal de los empleados públicos.
- c) Las asociaciones de trabajadores privados.
- d) Los comités de empresa de cada departamento.

Respuesta: b) Artículo 64 Ley 3/2007. "El Plan será objeto de negociación, y en su caso acuerdo, con la representación legal de los empleados públicos en la forma que se determine en la legislación sobre negociación colectiva en la Administración Pública."

213. El cumplimiento del Plan para la Igualdad entre hombres y mujeres será evaluado _____ por el _____.

- a) Anualmente / Congreso de los Diputados.
- b) Anualmente / Consejo de Ministros.
- c) Semestralmente / Congreso de los Diputados.
- d) Semestralmente / Congreso de los Diputados.

Respuesta: b) Artículo 64 Ley 3/2007. "El Plan será evaluado anualmente por el Consejo de Ministros."

CAPÍTULO IV FUERZAS ARMADAS

214. ¿Qué procurarán las normas sobre personal de las Fuerzas Armadas en relación con el principio de igualdad entre mujeres y hombres?

- a) El incremento de los salarios de las mujeres.
- b) La disminución de los requisitos de acceso.
- c) La reducción de los horarios para las mujeres.
- d) La efectividad del principio de igualdad entre mujeres y hombres.

Respuesta: d) Artículo 65 Ley 3/2007. "Las normas sobre personal de las Fuerzas Armadas procurarán la efectividad del principio de igualdad entre mujeres y hombres, en especial en lo que se refiere al régimen de acceso, formación, ascensos, destinos y situaciones administrativas."

215. Las normas sobre personal de las Fuerzas Armadas procurarán la efectividad del principio de igualdad entre mujeres y hombres, en especial en lo que se refiere al régimen de:

- a) Duración del servicio, salario, vestimenta y beneficios sociales.
- b) Actividades extracurriculares, bienestar, salud y recreación.
- c) Disciplina, entrenamiento, alimentación y ayudas sociales.
- d) Régimen de acceso, formación, ascensos, destinos y situaciones administrativas.

Respuesta: d) Artículo 65 Ley 3/2007. "Las normas sobre personal de las Fuerzas Armadas procurarán la efectividad del principio de igualdad entre mujeres y hombres, en especial en lo que se refiere al régimen de acceso, formación, ascensos, destinos y situaciones administrativas."

216. ¿En qué áreas serán de aplicación las normas referidas al personal al servicio de las Fuerzas Armadas?

- a) Igualdad, protección de datos y beneficios sociales
- b) Igualdad, protección integral contra la violencia de género y la violencia sexual, y la conciliación de la vida personal, familiar y profesional.
- c) Salud laboral, ayudas a la vivienda y jubilación.
- d) Protección de datos, formación continua y promoción interna.

Respuesta: b) Artículo 66 Ley 3/2007. "Las normas referidas al personal al servicio de las administraciones públicas en materia de igualdad, protección integral contra la violencia de género y la violencia sexual, y la conciliación de la vida personal, familiar y profesional serán de aplicación en las Fuerzas Armadas, con las adaptaciones que resulten necesarias y en los términos establecidos en su normativa específica."

CAPÍTULO V FUERZAS Y CUERPOS DE SEGURIDAD DEL ESTADO

217. Las normas reguladoras de las Fuerzas y Cuerpos de Seguridad del Estado promoverán la igualdad efectiva entre mujeres y hombres, impidiendo cualquier situación de discriminación profesional, especialmente, en el sistema de:

- a) Acceso y formación.
- b) Ascensos y destinos.
- c) Situaciones administrativas.
- d) Todas son correctas.

Respuesta: d) Artículo 67 Ley 3/2007. "Las normas reguladoras de las Fuerzas y Cuerpos de Seguridad del Estado promoverán la igualdad efectiva entre mujeres y hombres, impidiendo cualquier situación de discriminación profesional, especialmente, en el sistema de acceso, formación, ascensos, destinos y situaciones administrativas."

218. Las normas referidas al personal al servicio de las Administraciones públicas en materia de igualdad, prevención de la violencia de género y conciliación de la vida personal, familiar y profesional serán de aplicación en:

- a) Las empresas privadas fuera del ámbito público.
- b) Las organizaciones no gubernamentales.
- c) Las Fuerzas y Cuerpos de Seguridad del Estado.
- d) Las instituciones internacionales sin sede en España.

Respuesta: c) Artículo 68 Ley 3/2007. "Las normas referidas al personal al servicio de las Administraciones públicas en materia de igualdad, prevención de la violencia de género y

conciliación de la vida personal, familiar y profesional serán de aplicación en las Fuerzas y Cuerpos de Seguridad del Estado."

TÍTULO VI IGUALDAD DE TRATO EN EL ACCESO A BIENES Y SERVICIOS Y SU SUMINISTRO

219. ¿Quiénes estarán obligadas, en sus actividades y en las transacciones consiguientes, al cumplimiento del principio de igualdad de trato entre mujeres y hombres, evitando discriminaciones, directas o indirectas, por razón de sexo?

   a) Todas las personas físicas o jurídicas que, en el sector público o en el privado, suministren bienes o servicios disponibles para el público.
   b) Todas las personas físicas que, en el sector público, suministren bienes o servicios disponibles para el público.
   c) Todas las personas jurídicas o jurídicas que, en el sector público, suministren bienes o servicios disponibles para el público.
   d) Todas las personas jurídicas que, en el sector privado, suministren bienes o servicios disponibles para el público.

Respuesta: a) Artículo 69.1 Ley 3/2007. "Todas las personas físicas o jurídicas que, en el sector público o en el privado, suministren bienes o servicios disponibles para el público, ofrecidos fuera del ámbito de la vida privada y familiar, estarán obligadas, en sus actividades y en las transacciones consiguientes, al cumplimiento del principio de igualdad de trato entre mujeres y hombres, evitando discriminaciones, directas o indirectas, por razón de sexo."

220. ¿Podrán ser admisibles diferencias en el trato en el acceso a bienes y servicios?

   a) No, nunca.
   b) Sí, siempre cuando estén justificadas por un propósito legítimo y los medios para lograrlo sean adecuados y necesarios.
   c) No, salvo resolución expresa de un juez.
   d) Sí, siempre.

Respuesta: b) Artículo 69.3 Ley 3/2007. "No obstante lo dispuesto en los apartados anteriores, serán admisibles las diferencias de trato en el acceso a bienes y servicios cuando estén justificadas por un propósito legítimo y los medios para lograrlo sean adecuados y necesarios."

221. Lo previsto en la igualdad de trato no afecta a la libertad de contratación, incluida la libertad de la persona de elegir a la otra parte contratante, siempre y cuando:

   a) Dicha elección no venga determinada por su sexo.
   b) Dicha elección venga determinada por su sexo.

c) Dicha elección venga determinada por su estado económico.
d) Dicha elección no venga determinada por su estado económico.

Respuesta: a) Artículo 69.2 Ley 3/2007. "Lo previsto en el apartado anterior no afecta a la libertad de contratación, incluida la libertad de la persona de elegir a la otra parte contratante, siempre y cuando dicha elección no venga determinada por su sexo."

222. En el acceso a bienes y servicios, ningún contratante podrá indagar sobre la situación de embarazo de una mujer demandante de los mismos:

a) En ningún caso.
b) Salvo por razones de protección de su salud.
c) Siempre que el contrato no supere cierto valor límite monetario.
d) Salvo que necesite saber su estado de embarazo por motivos económicos.

Respuesta: b) Artículo 70 Ley 3/2007. "En el acceso a bienes y servicios, ningún contratante podrá indagar sobre la situación de embarazo de una mujer demandante de los mismos, salvo por razones de protección de su salud."

223. La celebración de contratos de seguros o de servicios financieros afines en los que, al considerar el sexo como factor de cálculo de primas y prestaciones, se generen diferencias en las primas y prestaciones de las personas aseguradas:

a) Se permite según la Ley 3/2007.
b) Se prohíbe.
c) Se permite, siempre indagando en la situación de embarazo de la mujer.
d) Se permite, dependiendo del valor monetario del contrato.

Respuesta: b) Artículo 71.1 Ley 3/2007. "Se prohíbe la celebración de contratos de seguros o de servicios financieros afines en los que, al considerar el sexo como factor de cálculo de primas y prestaciones, se generen diferencias en las primas y prestaciones de las personas aseguradas."

224. Los costes relacionados con el embarazo y el parto _____ de las personas consideradas individualmente, sin que puedan autorizarse diferencias al respecto.

a) Justificarán diferencias en las primas y prestaciones.
b) No justificarán diferencias en las primas y prestaciones.
c) Solo justificarán diferencias en las primas, pero no en las prestaciones.
d) Pueden autorizarse diferencias al respecto.

Respuesta: b) Artículo 71.2 Ley 3/2007. "Los costes relacionados con el embarazo y el parto no justificarán diferencias en las primas y prestaciones de las personas consideradas individualmente, sin que puedan autorizarse diferencias al respecto."

225. ¿Qué derecho tendrá la persona que sufre una conducta discriminatoria según el artículo 69 de la Ley de Igualdad entre mujeres y hombres?

- a) Derecho a la resignación
- b) Derecho a la discriminación
- c) Derecho a la indemnización por los daños y perjuicios sufridos.
- d) Derecho a la gratificación

Respuesta: b) Artículo 72.1 Ley 3/2007. "Sin perjuicio de otras acciones y derechos contemplados en la legislación civil y mercantil, la persona que, en el ámbito de aplicación del artículo 69, sufra una conducta discriminatoria, tendrá derecho a indemnización por los daños y perjuicios sufridos."

226. ¿Qué derecho tiene el contratante perjudicado en el ámbito de los contratos de seguros o servicios financieros afines si se incumple la prohibición establecida en el artículo 71 de la Ley 3/2007?

- a) Derecho a una revisión de precios.
- b) Derecho a solicitar un aumento en las primas.
- c) Derecho a reclamar la asimilación de sus primas y prestaciones a las del sexo más beneficiado.
- d) Derecho a solicitar otro contrato mejor.

Respuesta: c) Artículo 72.1 Ley 3/2007. "En el ámbito de los contratos de seguros o de servicios financieros afines, y sin perjuicio de lo previsto en el artículo 10 de esta Ley, el incumplimiento de la prohibición contenida en el artículo 71 otorgará al contratante perjudicado el derecho a reclamar la asimilación de sus primas y prestaciones a las del sexo más beneficiado, manteniéndose en los restantes extremos la validez y eficacia del contrato."

TÍTULO VII LA IGUALDAD EN LA RESPONSABILIDAD SOCIAL DE LAS EMPRESAS

227. ¿Quiénes podrán asumir la realización voluntaria de acciones de responsabilidad social, consistentes en medidas destinadas a promover condiciones de igualdad entre las mujeres y los hombres en el seno de la empresa o en su entorno social?

- a) Las empresas.
- b) El Gobierno.

c) El Instituto de la Mujer.
d) Los Delegados de Personal.

Respuesta: a) Artículo 73 Ley 3/2007. "Las empresas podrán asumir la realización voluntaria de acciones de responsabilidad social, consistentes en medidas económicas, comerciales, laborales, asistenciales o de otra naturaleza, destinadas a promover condiciones de igualdad entre las mujeres y los hombres en el seno de la empresa o en su entorno social."

228. Las empresas podrán asumir la realización voluntaria de acciones de responsabilidad social, consistentes en medidas _____ destinadas a promover condiciones de igualdad entre las mujeres y los hombres en el seno de la empresa o en su entorno social.

a) Económicas y comerciales
b) Laborales
c) Asistenciales o de otra naturaleza.
d) Todas son correctas.

Respuesta: d) Artículo 73 Ley 3/2007. "Las empresas podrán asumir la realización voluntaria de acciones de responsabilidad social, consistentes en medidas económicas, comerciales, laborales, asistenciales o de otra naturaleza, destinadas a promover condiciones de igualdad entre las mujeres y los hombres en el seno de la empresa o en su entorno social."

229. Las empresas podrán asumir la realización voluntaria de acciones de responsabilidad social, consistentes en medidas _____ destinadas a promover condiciones de igualdad entre las mujeres y los hombres en el seno de la empresa o en su entorno social. Selecciona la incorrecta.

a) Comerciales.
b) Laborales.
c) Sindicales.
d) Económicas.

Respuesta: c) Artículo 73 Ley 3/2007. "Las empresas podrán asumir la realización voluntaria de acciones de responsabilidad social, consistentes en medidas económicas, comerciales, laborales, asistenciales o de otra naturaleza, destinadas a promover condiciones de igualdad entre las mujeres y los hombres en el seno de la empresa o en su entorno social."

230. La realización voluntaria de acciones de responsabilidad social por parte de las empresas podrá ser concertadas:

a) Solo con los Organismos de Igualdad.
b) Con la representación de los trabajadores y las trabajadoras, las organizaciones de consumidores y consumidoras y usuarios y usuarias, las asociaciones cuyo fin

primordial sea la defensa de la igualdad de trato entre mujeres y hombres y los Organismos de Igualdad.
c) Solo con las organizaciones de consumidore.
d) Con las asociaciones empresariales.

Respuesta: b) Artículo 73 Ley 3/2007. "La realización de estas acciones podrá ser concertada con la representación de los trabajadores y las trabajadoras, las organizaciones de consumidores y consumidoras y usuarios y usuarias, las asociaciones cuyo fin primordial sea la defensa de la igualdad de trato entre mujeres y hombres y los Organismos de Igualdad."

231. A las decisiones empresariales y acuerdos colectivos relativos a medidas laborales les será de aplicación la:

a) Normativa civil.
b) Normativa mercantil.
c) Normativa laboral.
d) Normativa administrativa.

Respuesta: c) Artículo 73 Ley 3/2007. "A las decisiones empresariales y acuerdos colectivos relativos a medidas laborales les será de aplicación la normativa laboral."

232. ¿Qué podrán hacer las empresas con sus acciones de responsabilidad en materia de igualdad?

a) Guardarlas como información confidencial.
b) Hacer uso publicitario de ellas.
c) Utilizarlas solo en informes internos.
d) Delegarlas a organismos externos.

Respuesta: b) Artículo 74 Ley 3/2007. "Las empresas podrán hacer uso publicitario de sus acciones de responsabilidad en materia de igualdad, de acuerdo con las condiciones establecidas en la legislación general de publicidad."

233. Las empresas podrán hacer uso publicitario de sus acciones de responsabilidad en materia de igualdad, de acuerdo con las condiciones establecidas en la:

a) Legislación civil.
b) Legislación de publicidad.
c) Constitución española.
d) Legislación audiovisual.

Respuesta: b) Artículo 74 Ley 3/2007. "Las empresas podrán hacer uso publicitario de sus acciones de responsabilidad en materia de igualdad, de acuerdo con las condiciones establecidas en la legislación general de publicidad."

234. ¿Quiénes estarán legitimados para ejercer la acción de cesación cuando consideren que pudiera haberse incurrido en supuestos de publicidad engañosa?

- a) El Instituto de la Mujer.
- b) Órganos equivalentes en las Comunidades Autónomas.
- c) Los tribunales de justicia.
- d) a) y b) son correctas.

Respuesta: d) Artículo 74 Ley 3/2007. "El Instituto de la Mujer, u órganos equivalentes de las Comunidades Autónomas, estarán legitimados para ejercer la acción de cesación cuando consideren que pudiera haberse incurrido en supuestos de publicidad engañosa."

235. ¿En qué casos podrán ejercer la acción de cesación el Instituto de la Mujer u órganos equivalentes de las Comunidades Autónomas?

- a) Cuando consideren que pudiera haberse incurrido en supuestos de competencia desleal.
- b) Cuando consideren que pudiera haberse incurrido en supuestos de publicidad engañosa.
- c) Cuando consideren que se ha violado la normativa de privacidad.
- d) Cuando consideren que se ha producido una discriminación laboral.

Respuesta: b) Artículo 74 Ley 3/2007. "El Instituto de la Mujer, u órganos equivalentes de las Comunidades Autónomas, estarán legitimados para ejercer la acción de cesación cuando consideren que pudiera haberse incurrido en supuestos de publicidad engañosa."

236. Las sociedades obligadas a presentar cuenta de pérdidas y ganancias no abreviada procurarán incluir en su _____ un número de mujeres que permita alcanzar una presencia equilibrada de mujeres y hombres en un plazo de _____ a partir de la entrada en vigor de esta Ley.

- a) Consejo de Administración / ocho años.
- b) Consejo de Administración / seis años.
- c) Entorno social / ocho años.
- d) Entorno social / Seis años.

Respuesta: a) Artículo 75 Ley 3/2007. "Las sociedades obligadas a presentar cuenta de pérdidas y ganancias no abreviada procurarán incluir en su Consejo de administración un

número de mujeres que permita alcanzar una presencia equilibrada de mujeres y hombres en un plazo de ocho años a partir de la entrada en vigor de esta Ley."

237. ¿Cuándo se tendrán en cuenta las disposiciones sobre la inclusión la presencia equilibrada de hombres y mujeres en el Consejo de administración de las sociedades?

- a) Inmediatamente después de la entrada en vigor de la Ley.
- b) A medida que venza el mandato de los consejeros designados antes de la entrada en vigor de esta Ley.
- c) Solo cuando se realicen nombramientos de nuevos consejeros.
- d) A medida que venza el mandato de los consejeros designados después de la entrada en vigor de esta Ley.

Respuesta: b) Artículo 75 Ley 3/2007. "Lo previsto en el párrafo anterior se tendrá en cuenta para los nombramientos que se realicen a medida que venza el mandato de los consejeros designados antes de la entrada en vigor de esta Ley."

TÍTULO VIII DISPOSICIONES ORGANIZATIVAS

238. _____ es el órgano colegiado responsable de la coordinación de las políticas y medidas adoptadas por los departamentos ministeriales con la finalidad de garantizar el derecho a la igualdad entre mujeres y hombres y promover su efectividad.

- a) Las Unidades de Igualdad.
- b) La Comisión Interministerial de Igualdad entre mujeres y hombres.
- c) El Instituto de participación de la Mujer.
- d) Todas son correctas.

Respuesta: b) Artículo 76 Ley 3/2007. "La Comisión Interministerial de Igualdad entre mujeres y hombres es el órgano colegiado responsable de la coordinación de las políticas y medidas adoptadas por los departamentos ministeriales con la finalidad de garantizar el derecho a la igualdad entre mujeres y hombres y promover su efectividad."

239. La composición y funcionamiento de la Comisión Interministerial de Igualdad entre mujeres y hombres se determinarán:

- a) Reglamentariamente.
- b) Reglamentariamente o legalmente.
- c) Legalmente.
- d) Arbitrariamente.

Respuesta: a) Artículo 76 Ley 3/2007. "Su composición y funcionamiento se determinarán reglamentariamente."

240. El desarrollo de las funciones relacionadas con el principio de igualdad entre mujeres y hombres en el ámbito de las materias de su competencia se encomendará:

   a) En todos los Ministerios, a todos sus órganos directivos.
   b) En todos los Ministerios, a uno de sus órganos directivos.
   c) En algunos Ministerios, a un equipo especial.
   d) En algunos Ministerios, a uno de sus órganos administrativos.

Respuesta: b) Artículo 77 Ley 3/2007. "En todos los Ministerios se encomendará a uno de sus órganos directivos el desarrollo de las funciones relacionadas con el principio de igualdad entre mujeres y hombres en el ámbito de las materias de su competencia."

241. En todos los Ministerios se encomendará a uno de sus órganos directivos el desarrollo de las funciones relacionadas con el principio de igualdad entre mujeres y hombres en el ámbito de las materias de su competencia y, en particular, las siguientes:

   a) Recabar la información estadística elaborada por los órganos del Ministerio y asesorar a los mismos en relación con su elaboración.
   b) Asesorar a los órganos competentes del Departamento en la elaboración del informe sobre impacto por razón de género.
   c) Fomentar el conocimiento por el personal del Departamento del alcance y significado del principio de igualdad mediante la formulación de propuestas de acciones formativas.
   d) Todas son correctas.

Respuesta: d) Artículo 77 Ley 3/2007. "Recabar la información estadística elaborada por los órganos del Ministerio y asesorar a los mismos en relación con su elaboración. Asesorar a los órganos competentes del Departamento en la elaboración del informe sobre impacto por razón de género. Fomentar el conocimiento por el personal del Departamento del alcance y significado del principio de igualdad mediante la formulación de propuestas de acciones formativas."

242. Se crea el Consejo de Participación de la Mujer como:

   a) Un órgano colegiado de consulta y asesoramiento.
   b) Un órgano ejecutivo de la Administración.
   c) Un equipo temporal de expertos.
   d) Un comité de dirección empresarial.

Respuesta: a) Artículo 78 Ley 3/2007. "Se crea el Consejo de Participación de la Mujer, como órgano colegiado de consulta y asesoramiento."

243. Se crea el Consejo de Participación de la Mujer, como órgano colegiado de consulta y asesoramiento, con el fin esencial de:

- a) Servir de cauce para la participación de las mujeres en la consecución efectiva del principio de igualdad de trato y oportunidades entre mujeres y hombres.
- b) Dirigir las políticas de igualdad de género en el ámbito empresarial.
- c) Coordinar las acciones del Ministerio de Igualdad.
- d) Fiscalizar las acciones de las empresas en materia de igualdad.

Respuesta: a) Artículo 78 Ley 3/2007. "Se crea el Consejo de Participación de la Mujer, como órgano colegiado de consulta y asesoramiento, con el fin esencial de servir de cauce para la participación de las mujeres en la consecución efectiva del principio de igualdad de trato y de oportunidades entre mujeres y hombres, y la lucha contra la discriminación por razón de sexo."

244. ¿Qué aspectos del Consejo de Participación de la Mujer se establecerán reglamentariamente?

- a) Sus objetivos estratégicos.
- b) Su financiación y recursos.
- c) Su régimen de funcionamiento, competencias y composición.
- d) Sus relaciones internacionales.

Respuesta: c) Artículo 78 Ley 3/2007. "Reglamentariamente, se establecerán su régimen de funcionamiento, competencias y composición."

245. ¿Qué se garantizará en todo caso en la composición del Consejo de Participación de la Mujer?

- a) La participación del conjunto de las Administraciones públicas y de las asociaciones y organizaciones de mujeres de ámbito estatal.
- b) La representación exclusiva de las asociaciones de mujeres.
- c) La inclusión de representantes de empresas privadas.
- d) La participación de todos los partidos políticos.

Respuesta: a) Artículo 78 Ley 3/2007. "Garantizándose, en todo caso, la participación del conjunto de las Administraciones públicas y de las asociaciones y organizaciones de mujeres de ámbito estatal."

www.ingramcontent.com/pod-product-compliance
Lightning Source LLC
Chambersburg PA
CBHW062225220526
45471CB00009B/3347